JN012998

# 商業の「これまで」と「これから」

永野　修

# はじめに

1980年代、環八通りの東名高速道路・用賀インターチェンジ近くには、アメリカ村と呼ばれるエリアがあった。デニーズやすかいらーくが運営する「イエスタデイ」などのレストランが並んでいた。そして、ドライブ帰りの若者で賑わっていた。アーリーアメリカン調の建物群は、「アメリカ村」と呼ばれていたが、いつの間にか若者の車社会・車文化の廃れとともに消え去った。1980年代に多くの店舗を展開をしていた「アンナミラーズ」も2022年8月に最後の1店舗を閉鎖した。

また、レンタルビデオ店の減少の記事を目にした。調べてみるとレンタルビデオの店舗数は、1990年から2020年の間に1/6に減少していることを知った。カセットビデオテープやDVDを借りて家で映画を観ていた。インターネットの浸透はレンタルビデオ店を過去の産物としてしまったのである。社会の変化が小売店舗だけでなく、飲食店やサービス店舗にも盛衰をもたらすことをあらためて感じさせられた。

2020年の日本へのコロナ禍（新型コロナウイルス感染症：COVID-19によるパンデミック）はリアル店舗に大きな打撃を与えた。高層ビルが林立する西新宿のオフィス街からは人影が消え去り、飲食店をはじめとするリアル店舗は、臨時休業となり、街はシャッター街と化した。まるで人類滅亡後の映画の世界のような光景であった。これはコロナ禍の一過的な現象であろうか。リアル店舗の苦境はコロナ禍以前からの流れであった。物品販売の小売店舗がそうである。特にファッション小売店の撤退のニュースは記憶にあるであろう。その原因の一つとしてインターネットを介しての売買（本書ではこの電子商取引〈electronic commerce〉を「Eコマース」と統一する）の伸張・浸透もある。

しかしながら、それだけではない。それではどのような要因で物品販売小売店の苦境がはじまったのであろうか。

そもそもリアル店舗とはどのような場所なのであろうか。社会の変化やリアル店舗の成り立ちや、スーパーマーケットや総合スーパー、衣料品・家電などの専門大型店などを含めた商業の発生や盛衰の歴史を知ることで、世の中の大きな動向を知ることができるのではないだろうか。

そして、商業の動向は時代による消費者の行動の反映であるということを知ることができる。消費者の意識や購買行動は、社会全体の豊かさ、家族構成、働き方などが根底にある。この社会動向と消費行動の変遷について考究することは、現在の商業の把握に資するものとなるであろう。

以上のような分析を踏まえて、これからのリアル店舗のあり方や方向性を見いだしていきたい。

商業は時代によって変化する。現在の商業も過去の延長にあり将来の予測の上にある。よって、現在の商業の姿が将来の商業の正解の姿ではない。事業スキームをはじめとする多くの現在のあたり前を見直す必要がある。消費行動が変化しているのに商業が変わらないことはありえないのである。そして、リアル店舗とはどのようなものであり、本質は何であるのか。本書を通じて一緒に模索してもらいたい。

2023年9月

CONTENTS

# 第1章　これまでの商業

## 昭和期の商業はマンガ「サザエさん」の世界

日曜の夕方にテレビで放送される「サザエさん」を見ると昭和を感じる。昭和の特定の年代の設定ではないようであるが昭和感がする。三河屋さんが酒や味噌醤油を家に届けてくれたり、勝手口に御用聞きが来る時代だったのである。買い物は近くの商店街の肉屋や八百屋、魚屋さんに籠を持って行っている。電車に乗り、家族でのレクリエーションとして百貨店に行っている。これらの消費行動は現在の消費活動からすると違和感がある。

それだけでなく、フネさんやサザエさんが専業主婦である。昭和期には、学校を卒業した後、「家事手伝い」といって炊事・洗濯の家事や家業などを手伝う人が多く存在した。昼間も住宅に人がいることが多々あったということである。ちなみに、インターネット上の情報によるとサザエさんは結婚前には会社勤めをしていたようである。

昭和期の商業の状況を理解するには当時の社会について知ることが重要だと考える。どの時代の商業も社会の反映として存在したのである。

## 1　色々な業態の盛衰

図1－1は、私が感じている商業の盛衰である。第二次世界大戦後からの商業の業態について整理した。ここに記載した以外の業態もあるが典型として作成したところである。

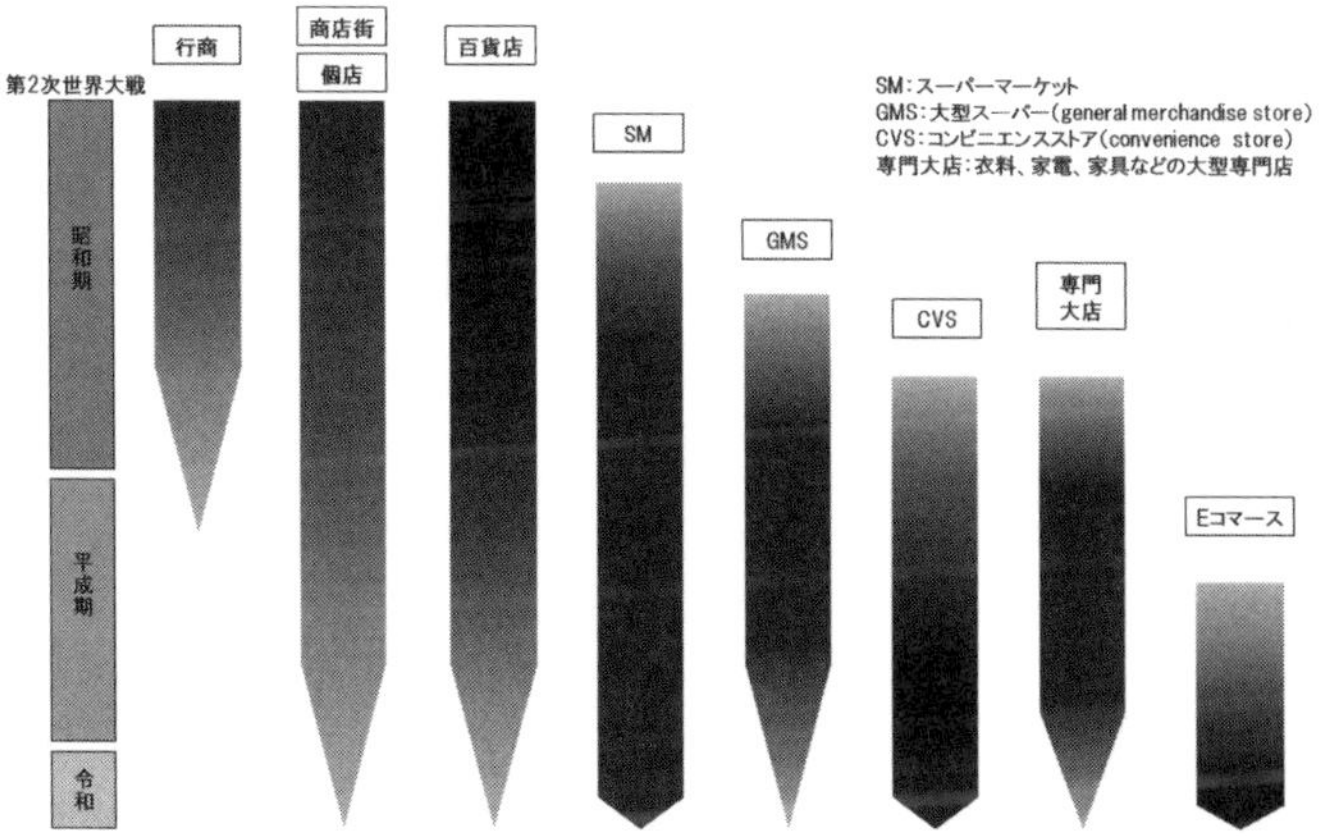


【図1-1】商業の業態の盛衰

「行商」を記載しているがそれほどの存在なのかと疑問に思われた方もいるかも知れない。また、身近にあるコンビニエンスストアやスーパーマーケット、さらに「ユニクロ」や「○○デンキ」などの量販店も昔から存在していたのではない。現在、私たちが目にする商業は、昔から存在していたのではない。現在の社会に適応した商業があるだけなのである。

## 2 生鮮食料品は「行商」が担い手だった

「行商」という言葉の意味はわかるけど実際に見たことがない人も多いであろう。イメージしやすいのは、時代劇に登場する天秤棒《てんびんぼう》を担いで野菜や魚を売り歩く姿ではないか。彼らは固定の店舗を持たず、町民・市民が住むエリアを売り歩いていた。行商人は決まったエリアで行商を行なっていたようである。彼らは、お客様と顔見知りになり信頼関係を築いていた。寺社の門前や人の集まる場所、市に行って売ったりもしたようではある。

これは江戸時代に限った話ではなく、平成期のはじめまで東京でも行商が行われていた。図1－2は、成田市「広報なりた　平成14年6月15日号」の一つのページである。千葉県成田市の地域から女性たちが野菜や卵などを東京で売り歩いていた歴史が書かれている。

そして、この行商の人たちを乗せる専用の電車もあった。京成電鉄では1編成すべて行商人用の列車で構成する行商列車を最盛期には4往復を走らせていた。

成田市のホームページ　http://www.city.narita.chiba.jp

なりた

成田歴史玉手箱

歴史と伝統文化のまち・成田。市内には、歴史ある文化財が多数あります。

小林駅のホームをうめつくすカラス部隊。成田線では最も利用者が多かった（印西市史編さん室提供）

成田出荷組合のバッチ（現在は使われていない）

元祖 産地直送

## カゴで生活を支えた女性たち

行商のおばちゃんたちは、かすりのモンペに姉さんかぶり、黒い布で包んだ大きなカゴを背負って歩く姿から、カラス部隊と呼ばれました。昨日採ったばかりの旬の野菜や卵、米・餅など40～80kgもの荷を入れた、身の丈ほどある竹製のカゴを担ぎ、東京へ運びました。

行商の始まりは、大正12年の関東大震災がきっかけと考えられています。震災直後、わずか1カ月間に行商人の数は、成田線（我孫子―成田間）で150人に達したといわれています。その後、昭和10年代の利根川・印旛沼の大水害のときには、被害を受けた農家が現金収入を得ようと行商に出ることが一般化しました。

最も行商が盛んだった昭和30～40年代前半、成田線では2,800人、京成線では2,000人を数えました。成田線や京成線では、行商専用列車を運行し、1日2回の東京往復、一軒で2人を出した家があったほどでした。当時、ほうれん草一把10円、ナス10個で50円、大根50円、トマト500匁（約2kg）200円前後で売り、昼前にはカゴが空になったそうです。丹精込めて作った野菜が目の前で売れていく喜びを感じ、また長く付き合っているとお得意さんに頼まれて栽培する作物もあったといいます。

昭和50年代になると、転業が相次ぎ行商人は減少していきました。その理由は、野菜の流通機構の変化による収入の減少、女性の職場の拡大などがあげられます。

「新鮮でおいしいと喜ばれているから」「親子二代で買ってくれるお得意さんがいる限りやめるわけにはいかないよ」と、今でも約100人ほどが行商を続けています。行商は、戦後の食糧不足の時代にカゴ一つで一家を支え、時代をたくましく生き抜いた、働く女性たちの歴史そのものです。

昭和24年から行商を始め現在も続けている伊藤さん（栄町）。成田線では現役最古参のひとり

戦後の東京の胃袋を支えた千葉の行商人。京成線は昭和51年に、行商専用列車から、最後部に1両だけの専用車両と変わり、現在はなくなった（読売新聞社提供）

【図1-2】「広報なりた　平成14年6月15日号」（提供：成田市）

行商人が減少すると１９８２年に行商列車は姿を消し、一般の列車の最後尾に行商用の車両が１両連結されるようになった。この行商用の車両は２０１３年（平成25年）３月まで残っていた。大消費地の近郊の農家などが直接売り歩いていた。東京においてもつい最近まで行商が残っていたのである。

それでは、この行商はどれほどの存在であったのだろうか。江戸時代から米や酒、衣料品などは店舗で販売されていた。しかし、保存技術が未熟な時代、野菜や魚などの生鮮品を店舗で売る合理性がないのである。むしろ、鮮度が落ちないように生産地や市場から消費者に直接届ける方が合理的だった。この状況は明治期になっても続いた。１８９６年（明治29年）の広島県全体における常設店舗で働く人の割合は38・２%に対して、行商で小売業を営んでいる人の割合が60・３%であったとの記述がある。（出典：廣田誠、山田雄久、木山実、長廣利崇、藤岡里圭『日本商業史－商業・流通の発展プロセスをとらえる』３０４頁（２０１７年、有斐閣））

広島県に限定したデータではあるが、常設店舗で働く人より、行商人の方がはるかに多かったことが伺える。特に、生鮮食料品については行商の存在が大きかったことが想像できる。昭和期までの日常の買い物では、特に野菜・魚などにおいて、行商は大きな役割を果たしていたことが理解できる。だからこそ、京成電鉄の例のように最近まで「行商車両」が残っていたのである。

ではこの行商がなぜ廃れていったのか。第一に、生鮮食料品を保存するためのインフラが整備されたことである。冷蔵庫の普及だ。冷蔵庫は店舗に導入され、その後に家庭に普及したと思われる。スーパーマーケットの伸張は冷蔵庫の普及と重なっており、生鮮品を扱う上で冷蔵庫の存在は重要であったと言える。あわせて、生鮮食料品を生産者から店舗に運ぶ物流の整備も大きい。消費者にとっては、いつでも新鮮な生鮮食料品を店舗で買うことができるという魅

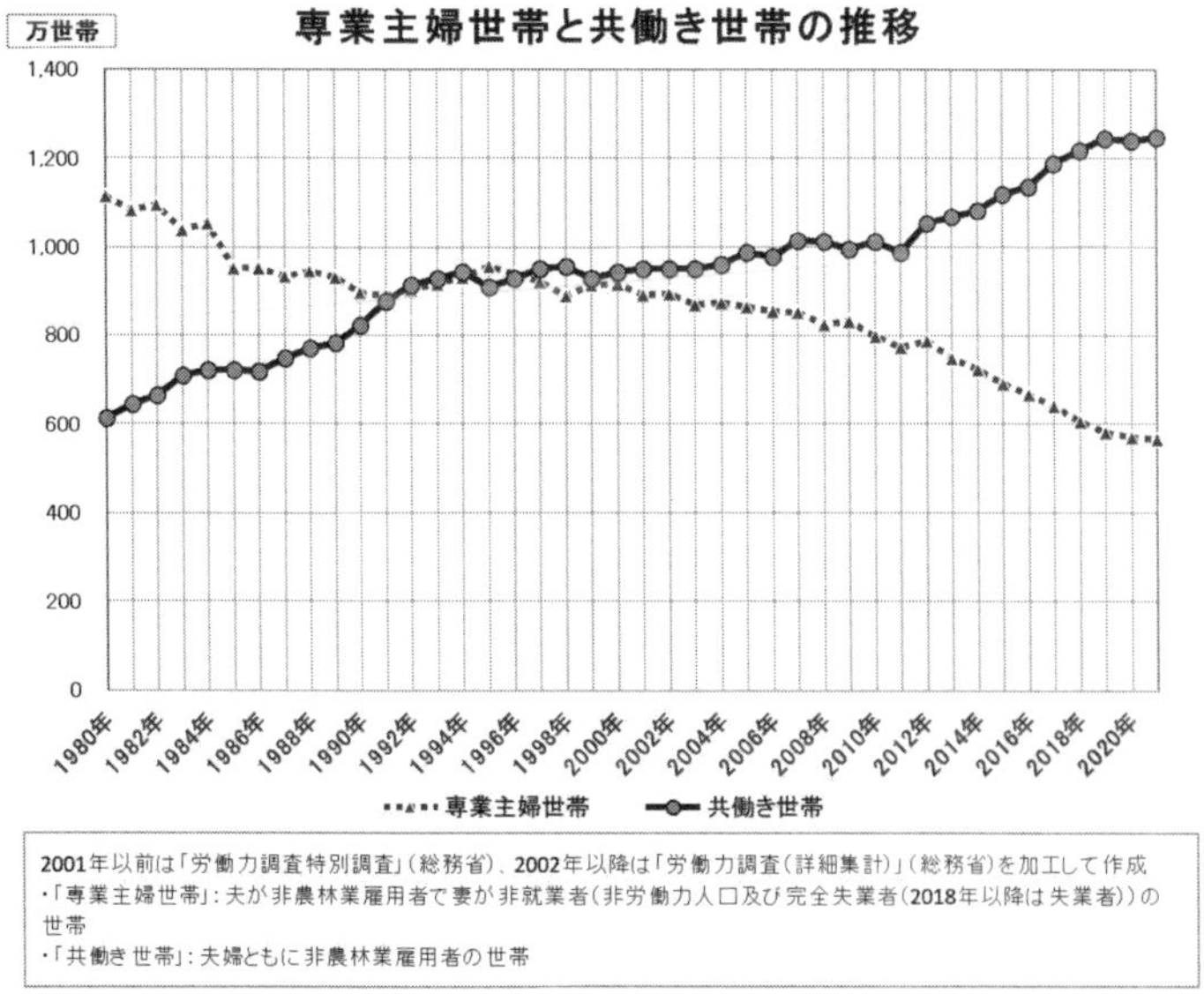


【図1-3】専業主婦世帯と共働き世帯の推移
2001年以前は「労働力調査特別調査」（総務省）、2002年以降は「労働力調査（詳細集計）」（総務省）を加工して作成

力がある。そして、買ってきた生鮮品を家の中の冷蔵庫で保存する。行商から毎日買う必要性が無くなってしまったのである。

・「専業主婦世帯」：夫が非農林業雇用者で妻が非就業者（非労働力人口及び完全失業者（2018年以降は失業者））の世帯
・「共働き世帯」：夫婦ともに非農林業雇用者の世帯

第二の理由はサラリーマンの増加である。第二次世界大戦後、団塊の世代が大都市圏に移動し、核家族化が進んだ。加えて共働き世帯が増加し、行商人から野菜などを買うことが難しくなる。さらに単身世帯も増加している。行商人が商品を売ろうとしても住宅に人がいなければ売ることができない。一方、スーパーマーケットや青果店、鮮魚店などでは冷蔵什器《じゅうき》に入った生鮮品を売っており、消費者は時を選ばず買えるのである。

行商は社会の変化により廃れていったのである。

# 3 サラリーマンの味方 ―商店街―

## (1) 大型店の出現までは商店街が主役

商店街の歴史をみると江戸時代の東京・浅草の仲見世通りのような門前町が思い浮かぶ。江戸時代においては武士、町人などの階層が確立され、都市生活者は既に自給自足の経済からモノを購入して生活するようになっていた。江戸の町に限らず、城下町や門前町には商店街の形成が認められる。しかしながら、この商店街は観光や余暇の場としての機能が大きかったと考えられる。本格的な商店街の形成は、明治期から大正期といわれている。これは、東京をはじめとする大都市に人口が流入し、給与を得て、都市での生活をするサラリーマンの増加が一番の要因である。この明治期から大正期の商店街の形成には同時期に登場したサラリーマンの存在が大きい。

１９２３年（大正12年）大正関東大地震後の東京では人々の大移動が発生した。現在の大田区、杉並区、世田谷区、目黒区などの新興住宅街では急激に人口が増加した。江戸時代あるいは明治期までの市街地であったのは、旧15区のエリアと設定できる。明治期から昭和7年（１９３２年）までの東京市は、現在の千代田区、中央区、港区、文京区、台東区、新宿区の一部、墨田区の一部、江東区の一部で構成されて、15の区となっていた。関東大震災以降においては、地震での被災の少なさや鉄道網の整備、郊外住宅地の開発などの要因で郊外部に多くの人口の流入が起きた。台東区の人口推移を見ると大正9年には約45万人であったのが、その後の増加はあまり無く、それとは対照的に、郊外であった杉並区は爆発的に増加している。大正9年の人口が2万人に満たなかったのが、昭和7年の杉並区誕生時には約15万人までに増えている。ちなみに、郊外エリアは昭和7年に東京市に組み込まれた（35区体制）。

第二次世界大戦後は、さらに郊外の江戸川区、足立区などでの人口の増加が著しい。この都市流入者は団塊の世代が中心となり新たな都市居住者となっていった。

サラリーマン世帯は働く場から離れた郊外に住み、居住地の近くの商店街で食料品や生活必需品を購入することとなった。店舗とサラリーマン世帯の関係が現在と異なる点がある。その一つが、購入時に掛け払いが行われていたことである。「通い帳」などと呼ばれる、掛け買いの品名・数量・金額などを記入して、金銭を支払うときの覚えとする帳簿があった。サラリーマン世帯は給料の支払いまでの間、この「通い帳」をもって店舗から商品を購入していたのである。加えて、店舗はお客様の自宅に商品を届けてもいた。マンガ「サザエさん」でいうと三河屋さんである。現在は値引き販売が一般的であるが、当時は定価での販売が主であった。サラリーマン世帯は「通い帳」をもって次の給料日までの日々を乗り越えていたのである。まるで現代のクレジットカード払いと似ている。

このように、地方から都市に流入したサラリーマン世帯の日々の生活を支えたのは商店街であった。東京においては各鉄道の駅前に幾多の商店街が形成され、近隣の住民の生活の基盤となっていた。サラリーマンの働き方によって、新しく住みはじめた郊外に商店街が形成されていったのである。

有名な商店街として戸越銀座商店街（東京都品川区）がある。関東随一の規模とにぎわいを誇るといわれている。戸越銀座商店街公式サイトから、戸越銀座商店街の成立の経緯を知ることができる。以下、ホームページの記事である。

大正12年の関東大震災で壊滅的な被害を受けた東京の下町や横浜方面の商業者たちが、当時発展の著しかった大崎周辺の工場地帯であるこの地に活路を見出して集まってきたことと、昭和2年に東急池上線「戸越銀座駅」が開業し、それまで散在していた周辺の商店が駅を中心に集まってきたことで、現在の戸越銀座商店街の元になる商業集積ができたといわれています。

（中略）

戸越銀座の周りには「清水坂」の他にも「宮前坂」「八幡坂」「三井坂」「平和坂」のように坂のつく地名が数多くあります。商店街はこれらの坂を下ったところに東西に伸びる谷底状の地形に沿って形成されていたため、非常に水捌けが悪く、長い間ぬかるみや浸水に悩まされてきたそうです。

そんな折、当時の商店主達は、大正12年の関東大震災で銀座のレンガ造りの街並みが壊滅的な被害を受け、大量のレンガ瓦礫の処分に困っているという話を聞きつけ、そのレンガを水捌けの悪い通りに敷き詰めて歩きやすくしようと、銀座までリヤカーを引いてレンガを頂きに行ったそうです。戸越銀座商店街の一番東側にある戸越銀座銀六商店街振興組合は、レンガを頂きに行った場所が銀座6丁目であったことから、銀六商店街の大半が当時は東戸越や戸越という地名であったのにも関わらず、銀座6丁目商店街と名付けられたという興味深い経緯があります。

そして、当時日本一の商業地であった本家の「銀座」からレンガを譲り受けるだけでなく、銀座のにぎわいにもあやかりたいという思いから、「戸越」と「銀座」をつなげて「戸越銀座」と名乗ったのが始まりとされています。戸越銀座は全国に300以上あるといわれている「〇〇銀座」

の元祖といわれていますが、本家銀座との縁によって生まれた由緒正しい「あやかり銀座」なのです。

（出典：戸越銀座商店街オフィシャル（戸越銀座商店街オフィシャルサイト（togoshiginza.jp））

戸越銀座商店街の成立は以上のとおりであった。当時郊外であった、現在の品川区や大田区、杉並区、世田谷区などに大正から昭和にかけて多くの住民が流入した。この新住民の生活の基盤として商店街が形成されていったことを物語っている。戸越銀座商店街だけでなく、同様の状況が各地で起きていたであろう。戸越銀座商店街はその典型である。ちなみに、戸越銀座商店街には、人だけでなく銀座のレンガもやって来ていた。

先述した掛け払いによる販売であるが、店舗側としては負担が生じる。それは、貸し倒れだけでなく、販売時と現金回収の時間差が存在することである。店舗は、現金収入の時間差に応じた金利相当分や貸し倒れリスクを付加した価格で販売していた。商店街の店舗においてこの方法が可能となる背景としては卸問屋の存在があった。商品を卸してから現金回収するまでの猶予を卸問屋は小売店舗に与えていたのである。ある意味、運転資金を卸問屋が店舗に融通していたと言ってもいいだろう。結果、サラリーマン世帯は商品の提供者側が設定する価格で商品を購入せざるを得なかったのである。この卸問屋と店舗と消費者の関係は昭和期にまで存在していた。地方においては昭和期の末期まで存在していた。私が住んでいた田舎町では１９７０年頃まで残っていて、掛け払いでの買い物のお手伝いをした記憶が私にはある。

## (2)シャッター街となった商店街

１９７０年代まで消費者の支持のもと商店街は商業界においては大きな存在であった。しかし、スーパーマーケットやＧＭＳ（General Merchandise Storeの略、総合スーパー）の台頭、加えてショッピングセンターの出現により、商店街の店舗はその地位から落ちていく。スーパーマーケットやＧＭＳの大量出店、専門大店などの郊外出店により、駅前などの中心市街地の商店街から客足が遠のき、シャッター街と変わっていった。

ただ単に大型商業施設の出店が原因ではない。マンガ「サザエさん」の時代の社会からの変化である。単身者世帯や共働き世帯の増加である。また、車社会の到来も大きい。「良いモノを、どんどん安く」という事業展開、食料品だけでなく衣料品から家電製品・家具などの幅広い商品の品揃《しなぞろ》え、飲食店やサービス施設の充実、そして大規模な駐車場を有するなど、ＧＭＳやショッピングセンターは社会の変化に対応していたのである。一方、商店街の地位が低下してくる。

加えて、商店街の構成員である個々の店舗自体の問題もある。それは経営者の高齢化・後継者の存在の問題である。

図１－４は小売業の売場面積の推移を経営者が法人か個人かで分けて示したものである。商店街の構成が個人商店であると仮定すると、商店街の衰退を如実に表している。小売業だけでなく、飲食店・サービス店舗においても同様の傾向があったと思料される。結果、駅前などの中心市街地の商店街は空洞化していった。

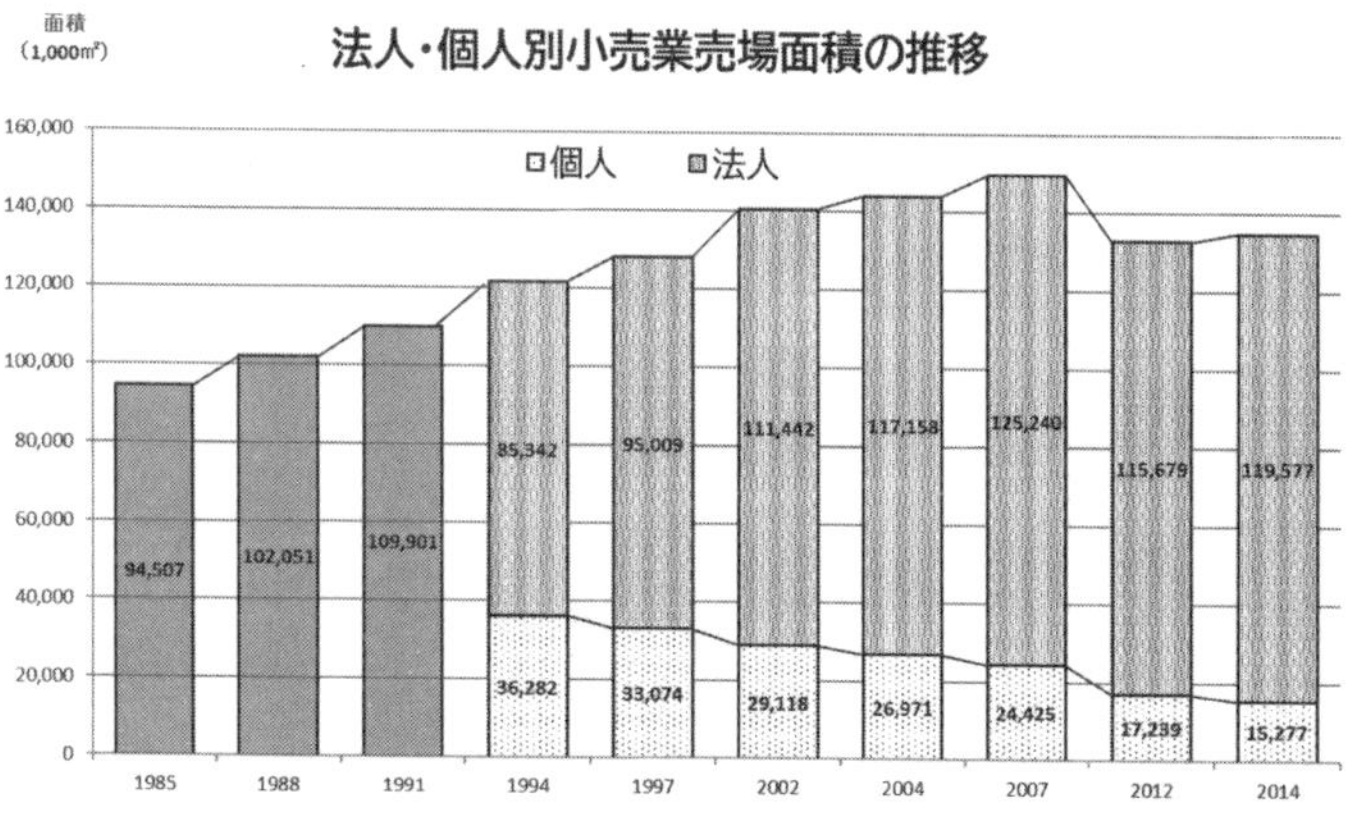


【図1-4】経営が法人・個人別の小売業売場面積の推移（「商業統計表」経済産業省のデータより作成）

## (3) 新たな商店街の活性化の取り組み

消費行動について1990年頃から「モノ消費からコト消費」といわれることとなる。平成期となり、家にはモノが溢れていた。新たなモノの購入に対しての行動意欲が低下していったのである。消費者が豊かになった結果、消費者一人ひとりが自分のライフスタイルを模索しはじめることとなる。モノはあくまでも自分のライフスタイルを構築する要素の一つに過ぎなくなったのである。消費者は自分の価値観や嗜好《しこう》にあわないモノには触手を伸ばさなくなったのである。

1990年代には大型店の大量出店の結果、オーバーストアの状況となった。また、GMSやショッピングセンターが「金太郎飴《きんたろうあめ》」と揶揄《やゆ》され、どこも同じような店舗で構成され、新鮮味に欠ける商業施設になった。

加えて、消費者の価値観の変化もあり、自分のファッションやカラー、ライフスタイルに合致する商品を求めるなかで、商店街の個々の店舗がこだわりの商品を提供するようになっている。

ここで再度、戸越銀座商店街の取り組みを紹介したい。以下、戸越銀座商店街のホームページの記事である。

高度経済成長期には先が見えないほどのにぎわいを見せた戸越銀座ですが、バブル崩壊直後はかなり通行量が減少しました。しかし、3つの商店街が協力して様々な活性化事業を行ってきた結果、平日の通行量は1万人を超え、近年の通行量は増加傾向にあります。

全国各地の商店街で実施されている商店街ブランドや一店逸品事業の先駆けである「とごしぎんざブランド事業」や産学連携の成功事例として注目されている「戸越銀座コロッケプロモーション事業」をはじめとする様々な商店街の活性化事業が評価され、平成21年6月に刊行された中小企業庁の「新・がんばる商店街77選」に掲載されたほか、東京販売士協会・日経新聞共催の平成24年度「第13回エネルギッシュ・タウン賞（目黒区・品川区の142の商店街が審査対象）」の大賞を受賞するなど、全国からも注目を集める商店街になりました。

また、戸越銀座商店街は下町情緒溢れる商店街としてメディア等からの注目度が非常に高く、B級グルメや下町グルメの流行の波に乗った「戸越銀座コロッケ」プロモーションを契機として、「食べ歩きの街」、「下町グルメロケの聖地」などと呼ばれ、雑誌やテレビで数多く取り上げられるようになり、全国的にも知名度が高くなりました。

今では、旅行会社が商店街ツアーを組んで観光客を連れて来るようになった他、特に土・日・

祝日は広域からお買物目的だけでなく商店街自体に遊びに来る、観光を目的とした来街者が急増しています。

（出典：戸越銀座商店街オフィシャル（戸越銀座商店街オフィシャルサイト（togoshiginza.jp））

商店街というまとまりにおいても、様々な取り組みが行われている。地域住民のコミュニティの形成の一翼を担うなどの取り組みである。加えて今回のコロナ禍である。在宅ワークなどにより居住地での滞在時間が増加したことにより、地域の店舗の存在意義が高まるきっかけとなったともいえる。人が溢《あふ》れる商店街も少なくはない状況である。蛇足ではあるが、商店街には飲み屋横丁も存在する。新宿のゴールデン街や思い出横丁、中野のサンモール商店街にある飲み屋街、赤羽の飲み屋街など若い人から年配者まで多くの人の支持を得ている。

# 4 百貨店は小売の革命者であった、そしてアミューズメント施設に

## (1) 三越百貨店の変革の軌跡

百貨店というと現在のイメージだけでとらわれがちであるが、「三越百貨店」を例に百貨店についてその歴史をたどってみよう。有名な話であるが、そもそも「三越」は江戸時代から変革者だった。

17世紀の江戸時代に「越後屋呉服店」が江戸に店を構えた。そして、1683年、「店前現銀掛け値なし」「小裂《こぎれ》いかほどにても売ります」のスローガンを掲げた（株式会社三越伊勢丹ホールディングスのホームページより）。それまでの呉服店は掛け売りが一般的であった。いわゆる「ツケ払い」である。呉服店が、顧客の家に商品を持参してその中から気に入った商品を買ってもらう。あるいは、店舗でお客様から注文を聞き、後で商品をお客様宅に持っていくのである。しかし、商品代金の回収は盆と年末の2回である。その結果として以下の問題が生じていた。

①資金回収までの間の呉服店が負担する金利
②お客様からの商品代金の回収ができない可能性（貸倒リスク）

そのため、商品の価格も高くしなければならなかったのである。

そこで「越後屋呉服店」は、
①店頭売り
②現金払い
という商法で、安く商品を提供し、江戸の町民からは大きな支持を得たのである。

加えて、当時は一反単位で販売していたようである。一反とは布地の大きさの単位のことであり、大人用の和服・羽織の一着分を仕立てるために必要な布地の量をいう。消費者は1反単位で購入しなければならなかった。そこで三越呉服店は1反単位でなくても買えるようにした。これも好評だったとのことである。

つまり、それまでの呉服小売店の事業スキームを大変革して成功した。いい商品を欲しい分だけ安い価格で買えることは、当時はあたり前ではなかったのである。

「越後屋呉服店」は「三井呉服店」を経て、1904年「株式会社三越呉服店」へと組織変更した。そして、1905年（明治38年）正月に新聞紙上で、

「当店販売の商品は今後一層その種類を増加し、およそ衣服装飾に関する品目は一棟御用弁相成り候 設備致し、結局 米国に行はるるデパートメント・ストアの一部を実現致すべく候」

とデパートメントストア宣言を行っている。当時の経営者がアメリカの視察などを参考にして変革を試みたとのことである。（出典：石原武政・矢作敏行編『日本の流通１００年』（有斐閣、２００４年））

従前、店舗には畳が敷かれ、お客様は畳の上に座り店員が接客していた。座売りと呼ばれ、お客様からの要望を聞きそれに合致する商品を店員が持って来て商談していたのである。また、店舗は１階のみで２階は奉公人の住まいだった。それを、

①座売りから商品の陳列への転換
②お客様は陳列された商品から自由に選ぶ
③呉服だけでなく、雑貨などの商品も扱う

などのアメリカにみられるような百貨店を志向していった。そして、１９１４年（大正３年）には、５階建ての新館を完成させた。（株式会社伊勢丹三越ホールディングスのホームページより）

お客様にとって買い物だけが目的ではなく、ただ店内を散策すること自体が楽しみの一つとなったのである。食堂での家族団欒《だんらん》なども目的の一つになっていた。このように百貨店は、「買い物の場」から、「憩いとときめきの場」に変わったのである。それが現在の日本の百貨店の原型ではないだろうか。

## (2) 百貨店が現在の「百貨店」に

第二次世界大戦中及びその後の混乱期の後、日本経済の高度経済成長にあわせるように百貨店の売上は大きくなった。生活必需品以外の商品、特に、衣料品や宝飾、鞄や靴といった身の回り品を取り揃《そろ》えていった。さらに、電化製品なども売場に並ぶようになる。屋上には、遊園地やステージがつくられ、レジャーの場ともなっていった。百貨店は商品を単に仕入れて売るだけではない。実際の売上のデータなどから消費者のニーズを把握し、商品開発や店舗内の売場の形成などの取り組みを行った。

「よい品を、どんどん安く」を武器とするGMSとは一線を画して、「おしゃれでハイカラ」な流行の最先端の商品を経済成長とともに豊かになった消費者に提供したのである。海外ブランドの化粧品や衣料品などの取り扱いもはじめて、各百貨店事業者は売上額を伸ばしていった。これは、団塊の世代、そして、団塊ジュニア世代もあわせた、団塊世帯が求めるライフスタイルと合致していたのではないか。(現在においても百貨店の中心顧客として団塊の世代は存在している。)

1980年代まで百貨店は各地に出店し、大都市の旗艦店は増床を繰り返して巨艦化していった。1969年に東京都世田谷区に開業した、日本初の郊外型大型ショッピングセンターである「玉川高島屋ショッピングセンター」は百貨店が中心となって日本にショッピングセンターを導入した。その後、各地にショッピングセンターが開業することとなり、「2核1モール」や「1核1モール」の広域集客のショッピングセンター（RSC：Regional Shopping Center）の核店舗として百貨店は進出していった。サラリーマン世帯・少人数世帯の増加、モータリゼーションなどの社会に合致して、ショッピングセンターの展開に大きく寄与したのである。スーパーマーケットやGMSといった新しい小売施設・商業施設の台頭があっても、百貨店は成長を続けた。また、「ジュニアデパート」という小型の百貨店としての新規の出店なども行っていた。

そこには、流行の最先端の「おしゃれでハイカラ」な商品が並んでいた。これが現在私たちが思い描く「百貨店」の姿である。

## (3) 団塊の世代が招いた衰退

日本経済全体の停滞にともない、百貨店は難しい状況となった。低経済成長下、消費者は百貨店から足が遠のくこととなる。バブル期の1991年度に12兆円を超える年間販売額を記録して以降、百貨店の売上は減少している。2008年度には、コンビニエンスストアの年間販売額が上回る状況となった。いみじくも、2008年は団塊の世代が60歳となる時期である。団塊の世代が長年勤め上げた企業を退職するように、百貨店という業態はコンビニエンスストアという業態にも販売額が逆転されていったのである。

戦後の昭和期は、高度経済成長、団塊の世代の存在、モータリゼーションなど、様々な要素で形成された社会であった。その社会に対応して一緒に拡大を続けた百貨店であった。しかしながら、人口ボーナス期から人口オーナス期（後述）への移行、低経済成長・デフレ社会、インターネットや携帯電話というインフラの整備など、社会の変化は百貨店を小売業の主役の座から降ろしてしまうこととなった。

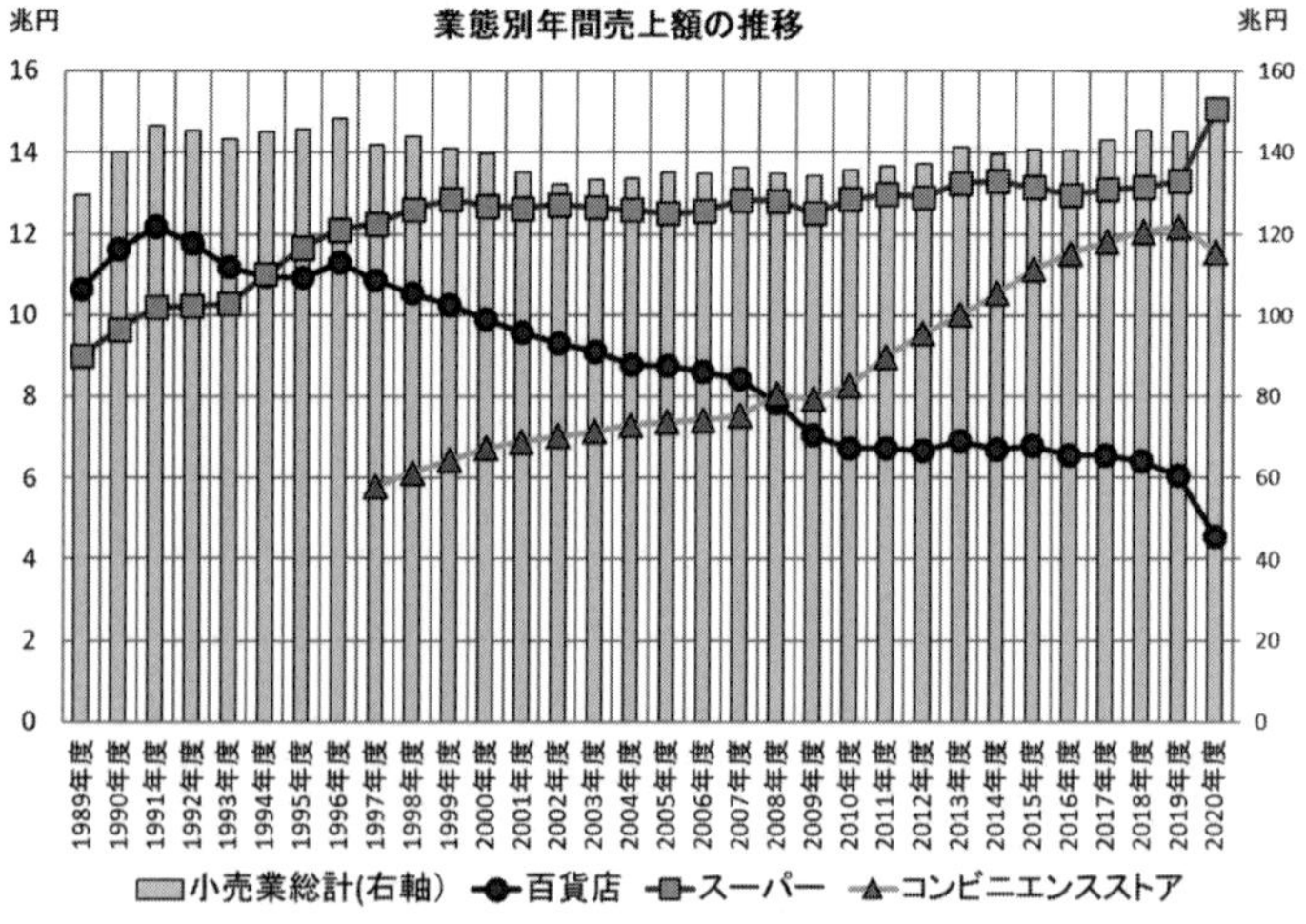


【図1-5】小売業の業態別売上の推移（「商業動態調査」経済産業省のデータより作成）

# 5 冷蔵庫が作ったスーパーマーケット

## (1) 誕生、そして勃興

日本のスーパーマーケットはどのように生まれてきたのだろうか。日本初のスーパーマーケットとして知られているのは、東京・青山に開店した紀ノ国屋である。紀ノ国屋は１９１０年（明治43年）、青山の地で、果物商としてスタートした。１９５３年（昭和28年）にお客様自ら商品を選び、レジで精算するという形のスーパーマーケットをはじめた（株式会社紀ノ國屋のホームページより）。ただし、扱っている商品は青果のみだったそうである。

そして、セルフサービス形態の導入にはレジスター会社の日本ＮＣＲの協力があったといわれている。日本ＮＣＲはレジスターの販売だけではなく、日本の小売業の近代化にも大きな役割を果たした。ちなみにスーパーマーケットという看板を最初に掲げたのは「京阪ザ・ストア」であった。京阪電気鉄道（京阪）の直営店舗だった「京阪スーパーマーケット」が大阪・京橋で１９５２年（昭和27年）に開業した。しかしながら、対面販売であって、今のスーパーマーケットの形態ではなかったようである。

◆ マルエツ
1945年(昭和20年)魚悦商店を埼玉県浦和市(現・さいたま市)に創業
1952年(昭和27年)有限会社魚悦商店設立
1959年(昭和34年)有限会社丸悦ストアーに商号変更
1965年(昭和40年)セルフサービスの1号店「大宮店」開店
・マルエツは魚の販売からスタート
・スーパーマーケットをはじめるのは、1965年(昭和40年)から

◆ヤオコー
1890年(明治23年)埼玉県小川町に青果商「八百幸商店」として創業
1958年(昭和33年)セルフサービス方式のスーパーマーケット
1972年(昭和47年)チェーン店化1号店、 小川ショッピングセンター店開店
1974年(昭和49年)有限会社から株式会社へと改組し、ヤオコーに改称
・ヤオコーは、青果店からのスタート

◆ いなげや
1890年(明治23年)「稲毛屋魚店」を東京・立川に開業。
それ以前は行商(大八車で塩干物の引き売り)。
1948年(昭和23年)立川北口店開店、株式会社稲毛屋を設立。
1956年(昭和31年)立川北口店にセルフサービス方式を導入。
都下では最初のスーパーマーケットを開始
1959年(昭和34年)多摩平店を開店し、チェーン展開を開始。
・いなげやは、魚屋、しかも行商からのスタート

◆ ライフ(ライフコーポレーション)
1911年(明治43年)創業
1956年(昭和31年)清水実業株式会社を設立し、食料品販売を行う
1961年(昭和36年)大阪・豊中市にセルフサービス方式の豊中店を開店
スーパーマーケット化
1963年(昭和38年)塚本店を開店し、チェーン展開をはじめる
・ライフコーポレーションは食料品販売がスタート
・創業はライフの創業者の清水信次氏の家業:食品取扱店

◆ サミット
1963年(昭和38年)住友商事(株)が米国セーフウェイ社の指導により、
(株)京浜商会(サミットの前身)を設立
1963年(昭和38年)東京都世田谷区に食品スーパーの1号店野沢店を開店。
・サミットのスタートは住友商事が作った　他のSMとは違う経緯

◆ヨークマート
1975年(昭和50年)(株)イトーヨーカ堂100%出資により設立
1976年(昭和51年)1号店勝田台店開店

出典:各社のホームページのデータを記載

【表1-6】首都圏で展開するスーパーマーケットの誕生の経緯

表１‐６は首都圏で展開しているいくつかのスーパーマーケットの誕生をまとめている。マルエツなどのスーパーマーケットは、青果店、魚屋、食料品店としてスタートしている。そして、１９６０年前後にセルフサービス方式を導入し、その後チェーン展開をはじめている。出自が異なるサミットやヨークマートにおいても１９６０年代以降に展開をはじめている。

１９５０年代の後半、（電気製品の）三種の神器といわれるものがあった。白黒テレビ、洗濯機、そして冷蔵庫である。ちなみに、１９６０年代には、カラーテレビ、クーラー、車（Car）が同様の呼ばれ方をした。頭文字から３Ｃと呼ばれていた。

図１‐７のグラフは、冷蔵庫と乗用車の世帯普及率の推移を表している。冷蔵庫の世帯普及率は１９６５年に50％を超えて、１９７１年に90％に達した。冷蔵庫の普及とスーパーマーケットの伸張が私には重なって見える。

生鮮品を保存する設備がない時代に常設店舗での購入は合理性がない。魚や野菜は生産地から運ばれ、消費地で販売されるため、保存装置が必要になる。店舗に冷蔵機器がなければ、行商からの購入が合理的だったのである。それが、電気冷蔵庫が店舗に置かれ、新鮮なまま販売されるようになる。加えて、購入した食材を自宅の冷蔵庫で保存できる。週に１、２回の買い物でも済むようになった。また、スーパーマーケットに行けばいつでも必要なものがすべて揃うのである。

次に「団塊の世代」の存在である。一般に「団塊の世代」と呼ばれるのは、1947年（昭和22年）～1949年（昭和24年）に生まれた人々をいう。第二次世界大戦後のベビーブーム時に生まれた世代である。1年間に、260万人を超える人が生まれていた。2021年の出生者数が84万人（厚生労働省発表）である。いかに多くの人が生まれたかがわかる。この団塊の世代は、1960年には中学生になっている。当時は、高校進学をしない人も多くいた。大学への進学率も現

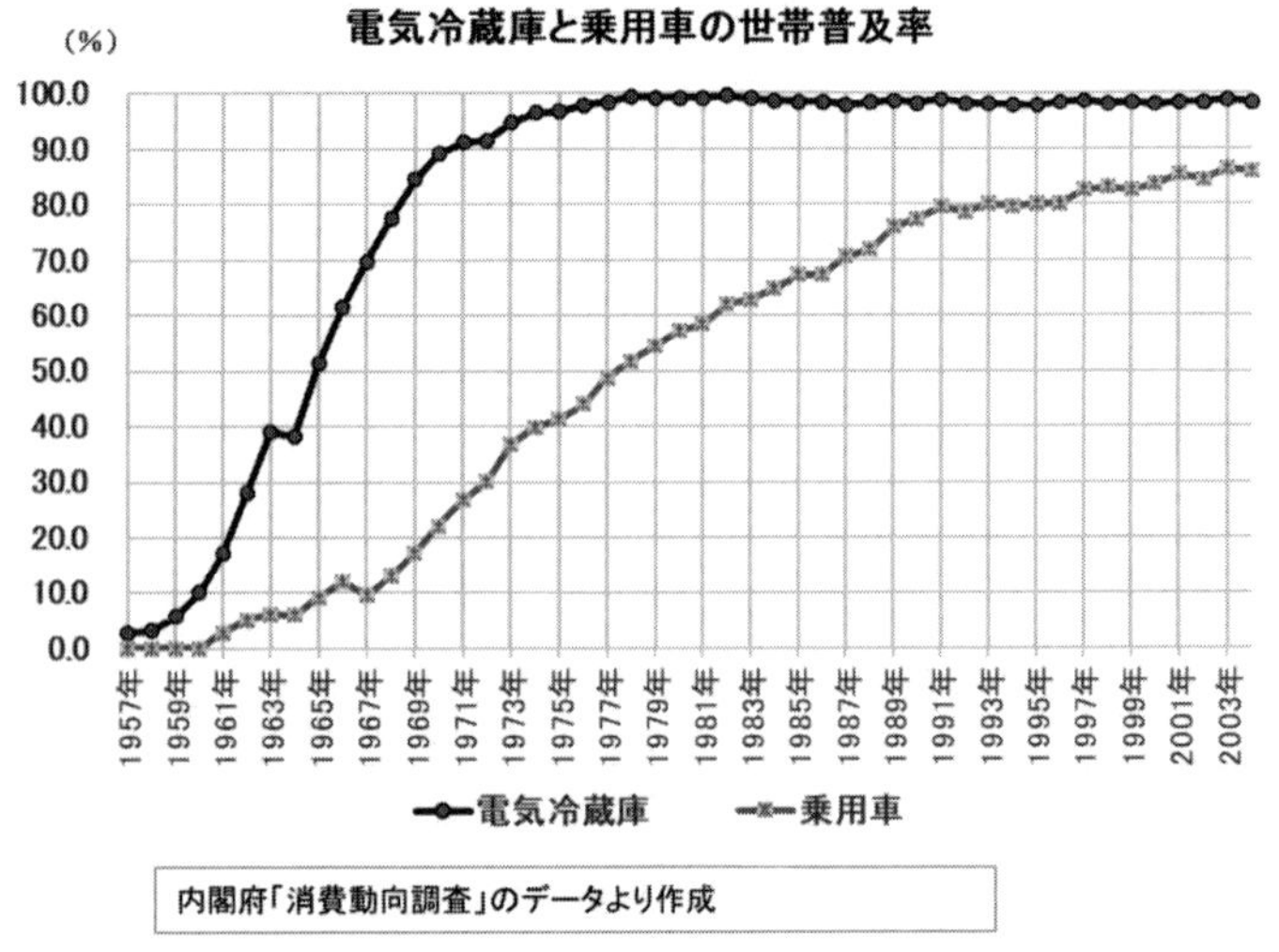


【図1-7】電気冷蔵庫と乗用車の世帯普及率（内閣府「消費動向調査」のデータより作成）

在ほど高くなかった。この団塊の世代が１９６０年後半から社会に出ていくことになる。

この団塊の世代はどこに行ったのであろう。図１-８は日本の人口の推移である。市部（人口５万人以上の市）と郡部（人口５万人未満の地域）の地域別で作成した。市部の人口は第二次世界大戦時には減少しているが、戦後大きく増加しているのがわかる。東京都の人口も参考に図に表した。一目で、市部での人口の増加がわかる。逆に郡部では１９５０年以降減少していることがわかる。

これがよくいわれる都市への人口の流入である。進学や働く場を求めて地方から都会に人が移動している。「団塊の世代」の多くが都会に行くことになった。

同じくして核家族化が進んでいる。図１-９は、１９５０年（昭和25年）から２０１５年（平成27年）までの人員別の世帯数の割合の推移である。１９５０年では、３人世帯、４人世帯、５人世帯がほぼ同じ割合で存在していた。さらに６人以上の世帯は１９５０年代には４割近くあった。１９６０年代以降、５人世帯、６人以上世帯の割合は減少していく。１９６５年は、団塊の世代が高校を卒業し始めるころとなる。１９７０年代、１９８０年代は４人世帯が25%程度となり、団塊の世代が団塊世帯を形成していったことが見える。このように団塊の世代が都市部に移動し、核家族が増加したことがスーパーマーケットの伸張の大きな要因となる。

上述に加えて、スーパーマーケットの利便性も大きな要素ではある。対面販売ではなく、商品を自分で見て、選び、レジで精算するセルフサービス方式の導入や、八百屋、魚屋、豆腐屋など複数の店舗を回らなくても1つのスーパーマーケットで夕食の材料が揃えるられるワンストップ性という利便性がある。

このスーパーマーケットの伸張の背景には、都市への人口集中、サラリーマンの増加、核家族化、共働き世帯の増加、車社会化という社会の変化も大きな要因だった。加えて、商品の流通網の整備や家庭での冷

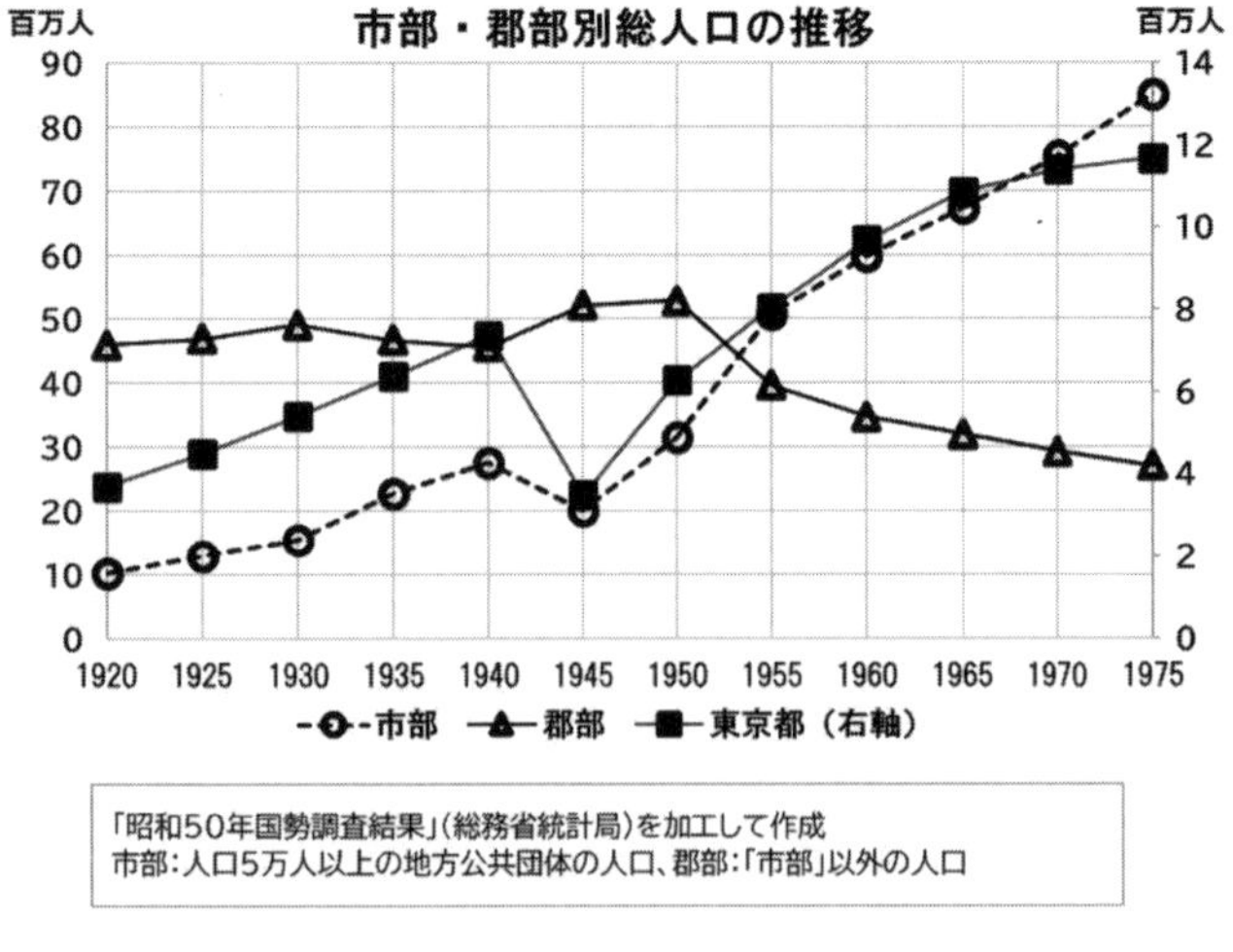


【図1-8】「国勢調査」（総務省統計客）のデータを加工して作成。市部：人口５万人以上の地方公共団体の人口、郡部：市部以外の人口

蔵庫や自動車などの道具の存在も大きい。生鮮産品を新鮮なまま店頭に並べるためのインフラが整備されたことが、スーパーマーケットが誕生し、伸張していく前提としてあったのである。

## (2) 現在のスーパーマーケットの展開と売上構成

現在のスーパーマーケットの規模は、売場面積が１５０坪（約５００平方メートル）、４５０坪（約１，５００平方メートル）及び６００～７００坪（２，０００～２，３００平

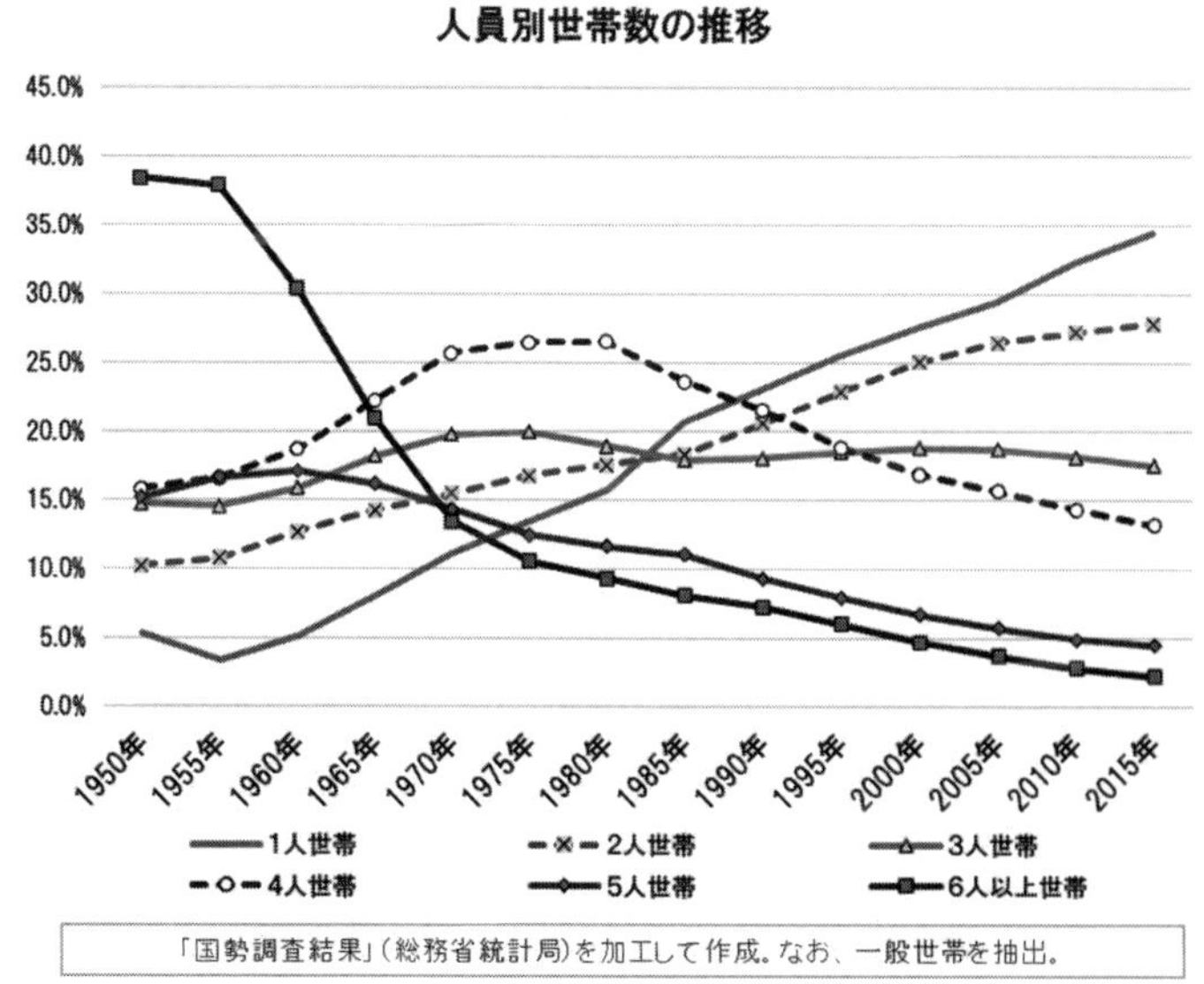


【図1-9】世帯人員別の世帯数の割合の推移（「国勢調査」（総務省統計局）のデータを加工して作成。一般世帯のみ抽出。）

方メートル程度）の3つが典型的な規模となっている。青果、鮮魚、精肉及び日配食料品などを中心として扱うスーパーマーケットにおいて効率的な展開を模索した結果である。後述する大規模小売店舗法が定義した大規模小売店舗は店舗面積が500平方メートル以上であったことから、500平方メートル未満の規模にすることにより出店できたからである。また、都市計画法による用途制限により、店舗面積が500平方メートルや1，500平方メートルを超える店舗面積を持つことができない用途地域も存在する。その用途地域に出店するための規模の店舗が形成されていった。

現在においては、惣菜《そうざい》やベーカリーの充実や店舗の通路の広さなど、消費者の支持をえるための売場づくりが行われている。その結果、600坪から700坪程度の売場面積のスーパーマーケットも多く現れている状況である。

この3つの売場面積の規模により商品の提供方法も異なってくる。比較的小規模の店舗においては、生鮮食品の加工を店舗施設内で行わず、センターにて加工した食品を陳列提供することが多く見られる。食肉や鮮魚では、センターでの一括加工により商品の質の標準化が図れ、人件費などの圧縮にも繋がる。しかしながら、出店する地域の消費者ニーズに対応するため、店舗にての加工にこだわるスーパーマーケット事業者もある。なお、店舗内で加工されたか、センターにて加工されたかは、実際に店舗の商品を手に取って確認することで簡単に知ることができる。

次にスーパーマーケットの売上構成を見てみたい。商品の部門別売上はもちろん店舗の規模により異なる。表１－10は、ライフコーポレーションとヤオコーの直近の年度決算資料を加工した

ライフコーポレーション（2022年2月期）

| 部門 | | 構成比 | 粗利益率 |
|---|---|---|---|
| 生鮮食品 | | 32% | 30.7% |
| | 農産 | 13% | 29.5% |
| | 水産 | 8% | 32.3% |
| | 畜産 | 11% | 31.0% |
| 惣菜 | | 11% | 54.9% |
| 加工・日配 | | 44% | 26.0% |
| 生活関連 | | 9% | 26.9% |
| 衣料品 | | 3% | 38.8% |
| その他 | | 1% | 10.3% |
| 合計 | | 100% | 30.6% |

ヤオコー（2022年3月期）

| 部門 | 売上構成比 | 粗利益率 |
|---|---|---|
| 生鮮食品 | 35% | 24.6% |
| デリカ食品 | 13% | 51.1% |
| 加工食品 | 28% | 19.2% |
| 日配加工品 | 21% | 23.7% |
| 住居関連 | 4% | 20.9% |
| 合計 | 100% | 26.1% |

・惣菜とデリカは同じ。
・日配加工品とは、メーカーに製造された、消費期限の短い食品のこと。冷蔵・冷凍保存され販売されることが多い。牛乳、乳製品、畜産加工品、飲料、豆腐、納豆、洋菓子・和菓子などが該当する。
・加工食品とは、メーカーにて製造され、比較的消費期限が長く、常温保存が可能な食品のこと。小麦粉、調味料、麺類、乾物、コーヒー・茶葉、菓子などが該当する。

【表1-10】スーパーマーケットの部門別売上構成及び粗利益率（出典：２社の有価証券報告書のデータより作成）

ので、部門別売上及び粗利益率を調整したものである。ライフコーポレーションは比較的大型の店舗が多くあり、ヤオコーも埼玉県を中心に首都圏に450坪店舗から600坪店舗を多く展開している。共通する特徴としては、以下の点が挙げられる。

①青果・鮮魚・精肉の生鮮食料品の売上構成比率が30％程度であること
②青果・鮮魚・精肉の生鮮食料品の粗利益率は25～30％程度であること
③加工食品・日配食料品の構成が40～50％程度あること
④惣菜の粗利益率が高く、50％程であること

近年、惣菜《そうざい》に各スーパーマーケット事業者は力を注いでいる。これは、共働き世帯や時短を求める消費者からのニーズが高いことや、粗利益率が高いことも一因である。惣菜の充実は、「中食」需要の高まりという社会の流れに起因する。「中食」とは、レストランなどの外食と自宅で炊事する内食の中間的な存在を呼ぶ。外食よりは低価格であり、手作りの料理よりは手軽であることから多くの消費者からのニーズが高まっている。

惣菜と同様にベーカリーの充実も目を見張るものがある。20年ほど前の2000年前後に、東京郊外のある住宅地でアンケート調査を行なったことがある。その中でベーカリーの提供を求める意見が多かったことを記憶している。大手メーカーが製造した食パンなどはあたり前に売られ

てはいる。しかながら、街中のベーカリーのレベルのパンをスーパーマーケットの中で手にしたいとの要望が多かったのである。現在、ベーカリーコーナーを設け、焼き立てのパンを提供する店舗は珍しくない。

一般的な店舗のレイアウトは図1－11のとおりである。青果（野菜・くだもの）からはじまり、鮮魚、精肉、加工食品の順にお客様の動線を計画している。最後に惣菜、ベーカリーとなる。10年ほど前には惣菜を動線の最初に設ける試みがはじめられて、多くの店舗で見られた。しかし、最初に惣菜を買い物カゴに入れることにより、結果的に、買上げ店数・客単価が低下することも認められた。そのためお客様動線の最後に惣菜コーナーをレイアウトする店舗も多い。いずれにしても、出店地

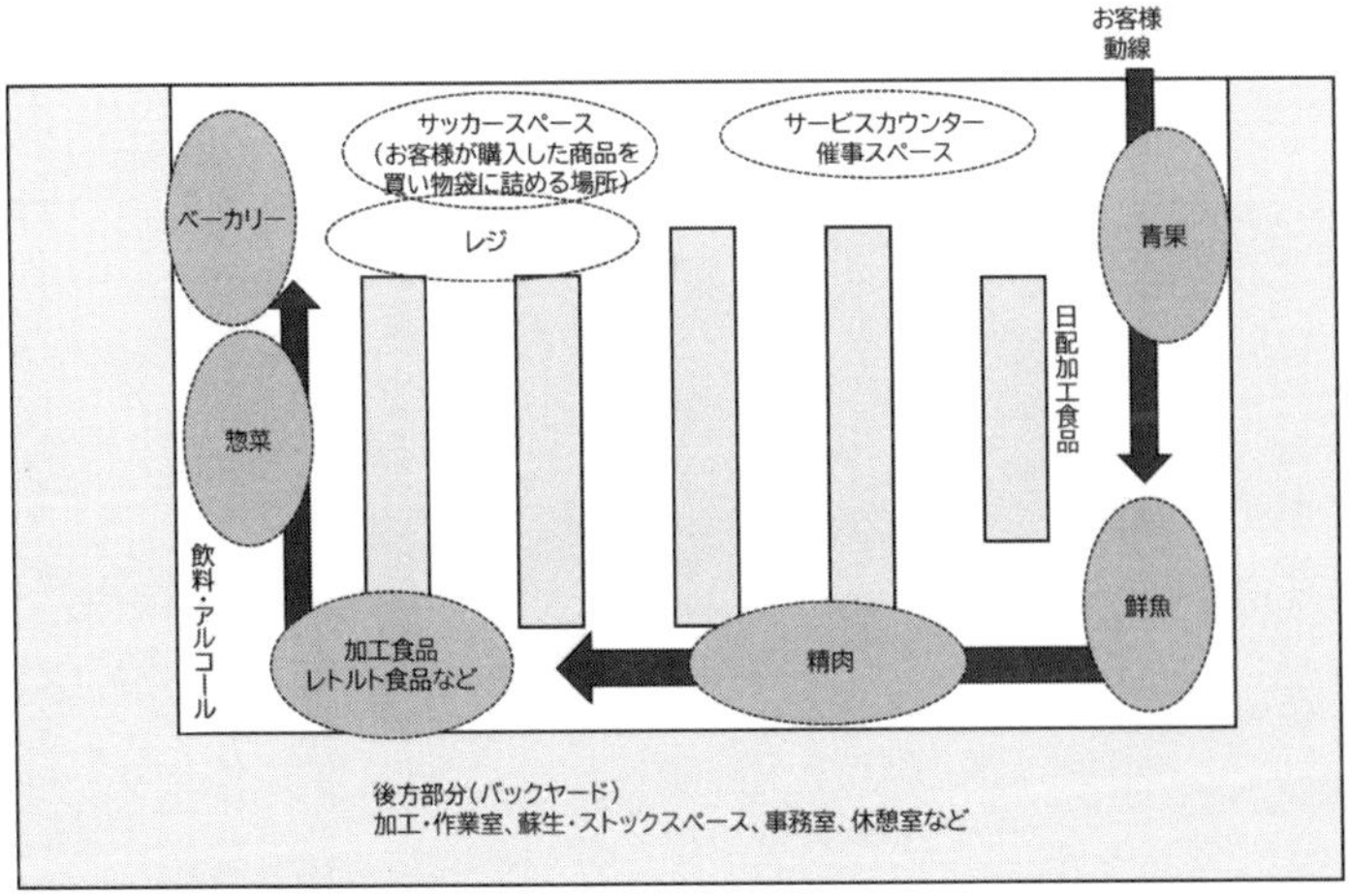


【図1-11】店舗のレイアウト

の消費者のニーズに対応した商品構成として、お客様が利用しやすく、事業者として客単価が向上するためのレイアウトとして計画されている。

スーパーマーケットは食料品、生活必需品を1か所で購入することができるという特性（ワンストップ性）、営業時間の長さ、品質の高さ、品揃えの豊富さなど、消費者にとって魅力的な施設となっている。つまり、欲しい商品がいつでもすぐ近くで手に入れることができるのがスーパーマーケットの最大の魅力である。そして、現在消費者にとって身近な存在となっている。

なお、生鮮食料品の粗利益率の低さはEコマースが低価格という武器を発揮する商品とはなりにくい。加えて、身近に店舗があるコンビニエンス性からEコマースの影響は現状では限定的である。ネットスーパーも行われているが店舗が配送拠点となっていることが多く、売り上げ減少などからの閉店などに繋がる危惧も小さいと思われる。

# 6 核家族が作ったGMS

## (1) GMSの誕生と拡大

1970年代に入るとGMS（general merchandise store、総合スーパー）が全国各地に多店舗展開をはじめた。GMSの特徴としては、次の点が挙げられる。

①食料品だけでなく、衣料品、電化製品や家具、スポーツ用品などあらゆる分野の商品を直営の売場で扱っている。
②多種にわたる商品構成のため、10,000平方メートルを超える規模の店舗も珍しくない。
③平屋建ての建物ではなく、3階建て以上の階層の建物となっていることが多い。
④自社の店舗だけでなく、専門店と呼ばれるテナントも含めて構成されることが一般的である。そのため、一種のショッピングセンターといえる。
⑤商店街やスーパーマーケットが近隣の居住者を顧客としているのに対し、GMSの顧客は広域からの集客となっている。
⑥単にモノを売るだけではなく、飲食施設やサービス施設もあり、長時間の滞在を意識したつく

りとなっている。

⑦広範囲からの集客を前提とするため、駐車場も広く1，000台を超える規模も珍しくない。

しかし最大の特徴は、「よい品を、どんどん安く」という言葉に象徴されている。これは、ダイエーの中内功（功は、「エ刀」である。）が創業以来、掲げた理念である。消費者のニーズを把握して、商品（製品やサービス）の開発から関与して、価格決定権もメーカーからの奪取を目指した。

現在のGMSの代表となる事業者はイオンである。そのイオンと現在イオンの子会社となったダイエー及びマイカルの誕生からの歴史をまとめたのが表1－12である。ダイエーは1972年に小売業売上額日本一の座に着き、1980年には小売業としては初めての1兆円を超える売上を記録した企業である。ダイエーはGMSだけでなく、小売業の代表企業であった。マイカルもニチイ、サティなどの店舗名称により日本全国に展開していたGMSを代表する企業の一社であった。

このGMSは、1960年代の経済の成長とともに成長し、さらに1970年代に大きく伸張、1980年には小売業の売上高ランキングでは上位4社までをGMS企業が占め、百貨店を超え

| ● ダイエー | ● マイカル | ● イオン |
|---|---|---|
| 1957年 「主婦の店ダイエー」開店<br>1968年 大型店の香里店オープン | 1963年 大阪の天神橋筋商店街の衣料品店「セルフハトヤ」と千林商店街の衣料品店「赤のれん」（岡本商店）を中核に、4社が合併して、ニチイを設立<br>1968年 大型店の堺店　オープン | 1926年 （株）岡田屋呉服店設立<br>1937年 フタギ洋品店開業<br>1959年 （株）岡田屋と商号変更、スーパー業務を展開<br>四日市店は百貨店法の適用を受ける<br>1961年 スーパー「シロ」開店<br>1969年 岡田屋、フタギ、シロがジャスコを設立 |
| 1971年 ショッパーズプラザ福岡<br>京橋ショッパーズプラザ<br>1972年 戸塚ショッパーズプラザ<br>三越を抜き、小売業売上日本一<br>1975年 碑文谷ショッパーズプラザ<br>ローソン1号店<br>1978年 習志野サンペデック内に出店 | 1973年 ニチイ大分ショッピングデパートオープン<br>1976年 ニチイ今治店オープン<br>1977年 ニチイ大野城店オープン<br>1978年 ニチイ粕谷店オープン | 1970年代　日本各地の小売事業者を併合 |
| 1980年 小売業初の売上高1兆円<br>1984年 プランタン銀座<br>1988年 プロ野球球団「ダイエーホークス」発足 | 1984年 サティ学園前オープン<br>1989年 巨大商業施設、マイカル本牧オープン | 1981年 クレジットカード事業参入<br>1985年 海外1号店をマレーシアにオープン |
| 1990年 ショッパーズ新浦安<br>1991年 ショッパーズ横須賀<br>1993年 プランタン甲子園 | 1990年代<br>日本各地に店舗面積10,000㎡を超える総合スーパーを大量出店<br>1990年代後半<br>シネマコンプレックスを併設する店舗多く出店 | 1990年代　ショッピングセンター業界へ進出<br>各地にショッピングセンターを開業 |
| 2001年 ローソン売却<br>2004年 産業再生機構の支援での再生開始<br>2005年 福岡ダイエーホークス売却<br>2015年 イオンの完全子会社化 | 2000年 大宮サティ、板橋サティオープン<br>2001年 経営破綻<br>2003年 イオンの完全子会社化 | 2001年 イオンに商号変更<br>2003年 マイカルを完全子会社化<br>2007年 銀行業参入<br>2008年 日本最大のショッピングセンター<br>イオンレイクタウンオープン<br>2013年 イオンモール幕張新都市オープン<br>2015年 ダイエーを完全子会社化 |

【表1-12】ダイエー、マイカル、イオンの誕生からの歴史（有価証券報告書などの情報から作成）

る立場となった。

GMSの台頭の要因として、先に述べた単身者世帯、核家族世帯の増加がある。あわせて自動車社会への変化もある。都市部への人口の流入や農業などの第一次産業への従事から企業に属して給与を得るサラリーマンが多くを占める社会に変化していった。スーパーマーケットと同様にGMSが消費者に受け入れられることとなった。スーパーマーケットは日々の生活のインフラとして機能し、GMSは衣料品や、家電製品、家具などの買い回り品の購入の場となり、また週末などの余暇の場となっていった。

## (2) 大店法による出店の制限

しかしながら、GMSの伸張に大きな壁が現れることとなる。1973年（昭和48年）に成立し、翌年施行された「大規模小売店舗法」である。この「大規模小売店舗法」は「大店法」を呼ばれ、商店街などの中小小売事業者の事業機会の確保を目的とされるものであった。GMSの利便性や価格競争力は商店街の店舗には脅威となっていたのである。

大店法では、500平方メートル以上の店舗面積を有する店舗の出店などに対して、開店日、店舗面積、閉店時刻及び年間休業日数の4項目（いわゆる「調整4項目」）の協議・調整を課すものであった。出店地の商工会議所に設置された、商業活動調整協議会（当時「商調協」と呼ばれた。）において、この4項目が審議された。商調協は地元の商業者、住民などで構成された。実際の大店法の運用においては、出店地域の商店街などからの承諾を得ることが求められた。結果、新規出店が制限され、新規出店計画の停滞・遅延を招くこととなった。調整の結果、休業日数は年間40日や24日などとされた。閉店時刻も午後6時が多く、遅くても午後8時であった。ちなみに、一部の地方公共団体においては新規出店の店舗面積の規模を300平方メートル以上とするなどの「上乗せ規制」もあった。この大店法の下、大規模小売店の新規出店の勢いは停滞することとなった。

## (3) トイザらスによる大店法の運用緩和、そして大店立地法へ

「消費者の利益の保護に配慮しつつ、大規模小売店舗の事業活動を調整することにより、その周辺の中小小売業者の事業活動の機会を適正に保護し、小売業の正常な発展を図ることを目的」と

した大店法であった。しかし、新規出店の制限に繋がり、商店街や既存の大型店の既得権益を守る運用となってしまっていた。

これに対して大手流通業界からは運用の見直しが叫ばれるようになった。そればかりでなく、1980年代の日本とアメリカの貿易摩擦が大店法の運用に手を加えることとなった。アメリカは貿易黒字の削減、つまり、貿易不均衡の是正を迫り、「日米構造協議」なるものが1989年から行われた。この協議において大店法の運用が議題となったのである。当時、アメリカから日本に進出をはかる「トイザらス」が大店法の壁に阻《はば》まれたことに起因する。

結果、1991年（平成3年）に大店法の運用の緩和がなされ、出店にかかる調整期間が最大18か月とされた。加えて、大店法の調整4項目の調整を行っていた、商業活動調整協議会（商調協）が廃止されることとなった。この大店法の運用緩和により、GMSだけでなくショッピングセンターの新規出店が加速することとなる。

その後、大店法は1998年（平成10年）に廃止され、大規模小売店舗立地法が新たに制定された。大規模店舗立地法は、周辺の地域の生活環境の保持のため、大規模小売店舗の配置及び運営方法について適正な配慮の確保を意図して制定された。加えて、中心市街地の活性化を目的とする中心市街地活性化法及び都市の秩序ある整備を意図した改正都市計画法が制定されたのである。（この3法を「まちづくり3法」と当時は呼んだ。）

図1－13のグラフが示すとおり、大店法下の1980年代においては大規模小売店舗の新規出店は停滞していた。その後、1990年代の大店法の運用緩和により、新規出店計画が増加し、出店ラッシュとなっていることが如実《にょじつ》に数字となって現れている。その後、大店法の廃止と大規模小売店舗立地法の施行に伴い、新規出店のペースが小さくなっていることもみることができる。これは、大規模小売店舗立地法の影響よりも、人口増加

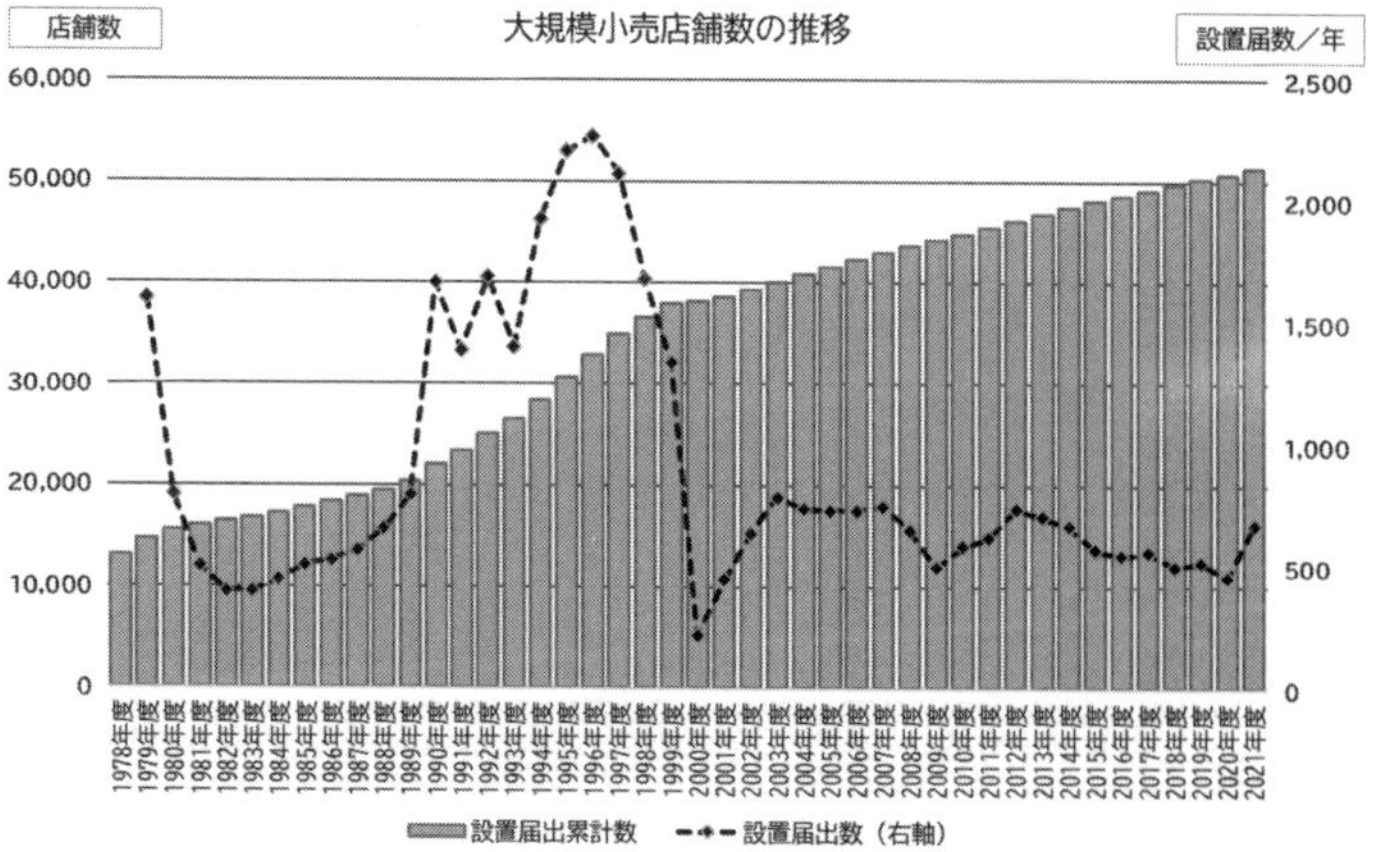


【図1-13】大規模小売店舗の店舗数の推移（出典：設置届出数は経済産業省の発表資料より作成。なお「設置届出数」は大規模小売店舗法上の３条１項の届出、大規模小売店舗立地法上は５条１項の届出数。）

の減少、少子高齢化の進行による人口オーナス期の経済の停滞が要因であると考えられる。

## (4) 大量出店による、競合の激化

しかし、商業の中心となったGMSも永遠のものではなかった。大店法による新規出店の停滞期もあったが、図1-14のように日本全体の小売業の売場面積は増加していった。1970年頃の6000万平方メートルから1990年代に大きく増加し、2007年には、1.5億平方メートルほどとなっている。

この売場面積の増加は、GMSやショッピングセンターなどの大規模商業施設の新規出店によるものである。一方で、日本経済は平成期には大きな成長もなく、少子高齢化が懸念されていた。そして、人口の減少、少子超高齢化社会と現在はなっている。そのなかでの商業施設の拡大は、当然、競合の激化となって表れる。図1-15は、日本の総人口を小売業の売場面積で除した数字である。つまり、1平方メートルあたりの売場面積に何人の人口（お客様）がいるかである。

　１９７０年頃は売場１平方メートルあたりに２人近くいた。ＧＭＳ事業者は商品を仕入れて店頭に並べれば売れていた。もちろん、消費者のニーズにもとづいた、「よい商品」の提供であり、価格も「どんどん安く」設定していた。ただ「売り手市場」であったと言える。その後、日本社会は、サラリーマン世帯などの生活レベルの向上から、家にはモノが溢れる時代となっていった。加えて消費者の嗜好《しこう》も多様化して、大量生産の製品に消費者は触手を伸ばさなくなっていった。これは、ＧＭＳの強みであった、品揃えの豊富さでも対応できなかったのである。

　１９９０年代には、ＧＭＳは「ニューＧ

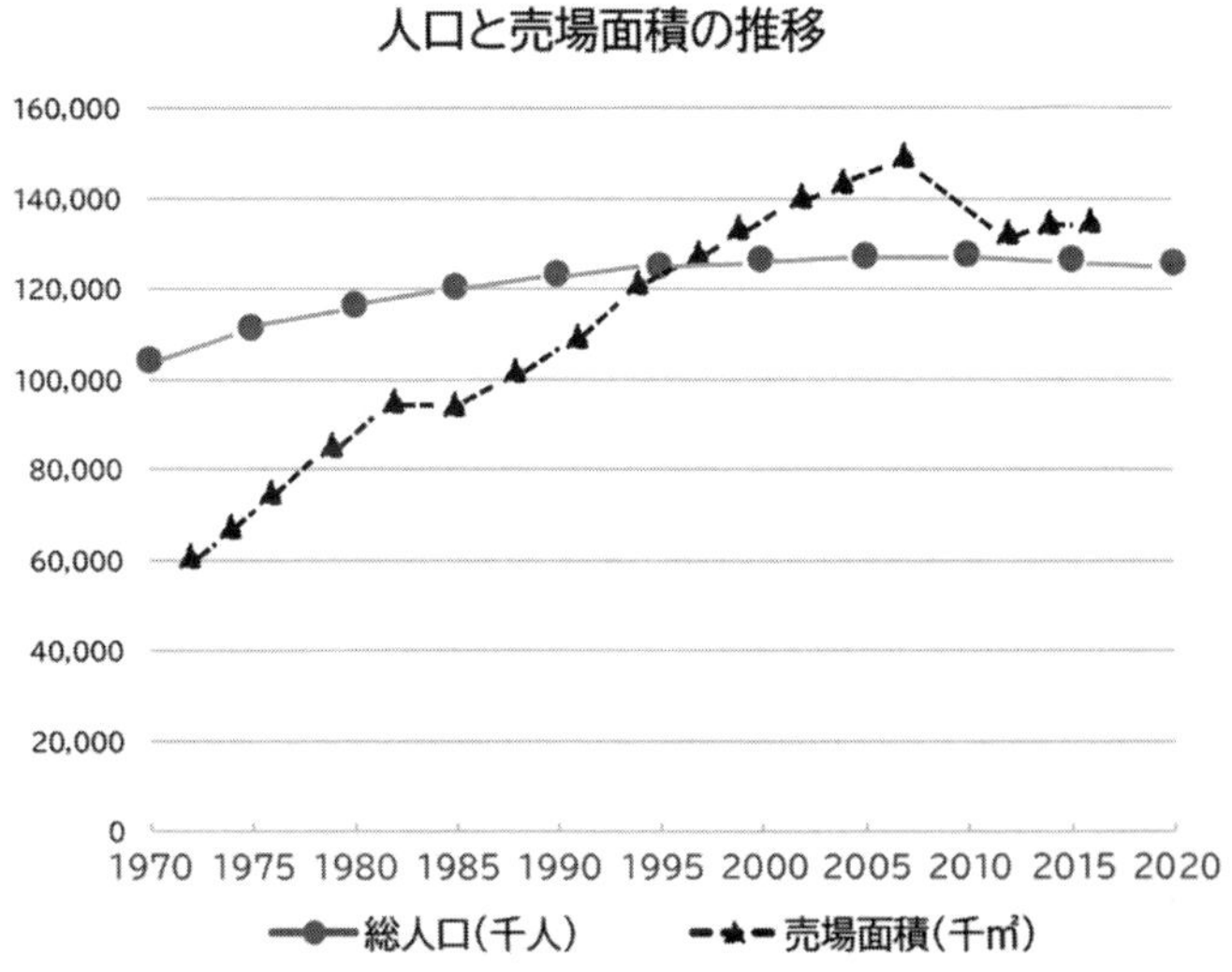


【図1-14】日本の総人口と小売業売場面積の推移（「国勢調査」、「商業統計表」及び「経済センサス」のデータより作成）

ＭＳ」という店舗を模索した。消費者の価値観の変化や嗜好の多様化への対応であった。この時期は「よい商品をどんどん安く」というＧＭＳの強みが消費者の支持の獲得には繋がらず、「ニューＧＭＳ」なる新しい店舗も大型専門店の品揃えや価格に対抗できなくなっていた。平成期に入ると「ユニクロ」「しまむら」などの衣料品専門店をはじめ、家電や家具、スポーツ用品などの大型量販店やホームセンターが郊外に立地して、消費者の支持を得ていくこととなった。衣料品、家電などの専門店の伸張が表１－16の小売業売上高ランキングにおいても確認できる。

２００５年頃には小売業の売場面積１㎡当たりの総人口が１人を割っており、当然、大規模店舗間の競争も激化することとなる。ＧＭＳ事業者は市場のシェア獲得による収益性の維持・向上を試みるも、多くの企業の経営が厳しくなっていった。１９９０年代には「忠実屋」や「ヤオハン」、２０００

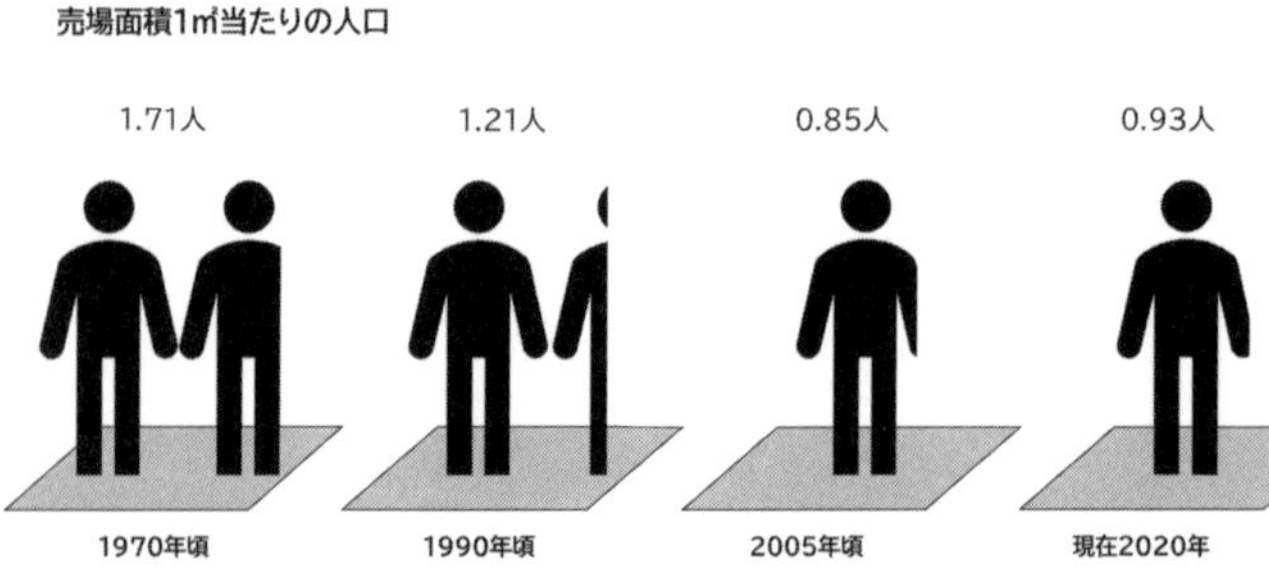


【図1-15】小売業の売場面積1㎡当たりの総人口

年代に入ると「長崎屋」をはじめ、地方においても「ニコニコドー」、「寿屋」などが経営破綻《はたん》していった。「ダイエー」や「マイカル」といった大手ＧＭＳも苦境となり、２０１０年代にはイオンの完全子会社化されている。愛知県に本社を置き全国展開していた「ユニー」も「ドン・キホーテ」を中核とするパン・パシフィック・インターナショナルホールディングスの完全子会社となった。また、１９８０年代末にダイエーに続き1兆円企業となっていた「西友」も２０００年代にはアメリカの世界最大のスーパーマーケット企業の「ウォルマート」の傘下となった。

業界のリーディングカンパニーであるイオンにおいても、スーパー事業の営業収益（売上）は高いが営業利益での貢献は低い状況である。セブン＆アイＨＤにおいてもコンビニエンスストアの「セブンイレブン」の貢献が経営成績に果たす役割が大きい状況となっている。これからのＧＭＳは、どのようにして消費者の支持を得ていくかが課題である。

## 7 経済の低迷で生まれた量販店

### (1) 家電量販店の伸張

表1－16で確認できるように、生活家電、パソコン、AV機器などを中心とした量販店大手のヤマダ電機とビックカメラが小売業の売上ランキングの上位に位置し、存在を示している。

マンガ「サザエさん」の社会での家電製品の購入は、商店街の構成員である、家電メーカー系列の中小小売店（「ナショナルショップ」など）からであった。この中小小売店に代わり、「どんどん安く」を標ぼうする、GMS（総合スーパー）に消費者は移

| | 2021年度 小売業売上高ランキング | |
|---|---|---|
| | 企業名 | 売上高(百万円) |
| ① | セブン&アイ | 8,749,752 |
| ② | イオン | 8,715,957 |
| ③ | ファーストリテイリング ※1 | 2,132,992 |
| ④ | パン・パシフィック・インターナショナルホールHD ※2 | 1,708,635 |
| ⑤ | ヤマダHD | 1,619,379 |
| ⑥ | ウエルシア | 1,025,947 |
| ⑦ | ツルハHD | 919,303 |
| ⑧ | ビックカメラ | 834,060 |
| ⑨ | ニトリHD | 811,581 |
| ⑩ | ライフコーポレーション | 768,334 |

※1 「ユニクロ」、「GU」などを展開
※2 ドン・キホーテを中核とし、ユニーを傘下とする

【表1–16】2021年度 小売業売上高

行していく。家電製品は「探索財」と呼ばれる商品である。製品の仕様が明確であることが探索財の特徴である。あるメーカーのある商品は、仕様が一定でありどの店舗で購入しても同じ商品を購入することができる。パソコンや書籍なども同様である。家電製品は比較的に高額であり、商品を購入する際の大きな要素は価格である。そして、商品についての価格の比較が容易であるから、商店街の中小小売店からGMSの家電売場に移っていったのは当然である。

家電量販店は昭和末期から平成期にかけて、広い販売スペース（売場）に多くの商品を陳列し、低価格を武器に市場における存在を広げていくことになる。家電量販店は原価率80％台という低価格を武器に家電市場に台頭してきた。その後、メーカーとの協働によりPB（プライベートブランド）商品の提供も行われるようになった。

直近の家電専門店企業の公表資料から明らかなのはEコマースへの積極的な取り組みである。具体的には、リアル店舗とEコマースの融合をはかる、オムニチャネル化である。オムニチャネルとは、複数の販売チャネルを活用することをいう。小売りにおいては、リアル店舗とネットでの販売のメリットを連携・融合させる売上向上のための活動を呼ぶことが多い。消費者は、店舗で実物を見て触れて、購入する商品を選ぶ。最後にどこで購入するかを決めるのである。広い店舗で多くの商品を揃える家電専門店は、消費者が購入を考えるときの最初の訪問先となる。インターネット上などで商品の情報を収集し、店舗で実物を確認する。Ｅコマースとの融合は効果的である。店頭で商品をお客様が見て選び購入する。あるいは、インターネット上からの購入を促す。そして店舗から商品を配送するのである。これはオムニチャネルの典型的な展開例の一つである。

ビックカメラの２０２２年８月期のＥコマースの売上は１４３４億円であり、社全体の売上の18・１％に相当する（株式会社ビックカメラと株式会社コジマの決算説明会資料のデータより）。加えて、リユース市場にも意欲を示している。２０２２年８月期には１９８億円と拡大している。

「サザエさん」の社会は高度経済成長期であり、旺盛な消費意欲にささえられ、商店街のメーカー系列の店舗から割賦《かっぷ》で家電製品を購入していた。その後、単身者世帯、核家族世帯を中心に、「どんどん安く」のＧＭＳにマイカーで訪れて買い求めていく。昭和期の最後から平成期には、家には家電製品が溢れてきた。消費者は生活の質を求めるようになり家電製品にもこだわりを持ち、買い替えを行うようになる。家電量販店は、商品の圧倒的な多さにより、消費者のこだわりに応え、加えて低価格をも武器として現在の地位を確立していった。

## (2) ファストファッションの浸透

つづいて、衣料品販売の大手企業（アパレル企業）について見ていきたい。表１－16にもあるとおり、「ユニクロ」を展開するファーストリテイリングが小売業売上高ランキングの上位にある。家電と同様に、「サザエさん」の社会の時代には近所の商店街の店舗で購入していた。商店街には、服を仕立てる洋裁店があった。あるいは、家のミシンで服を作っていた。

一般に衣料品は粗利益率が高い。定価に対して30％の仕入額と考えてもらいたい。定価からの値引きをしても粗利益率は他の商品群と比較しても高いものとなる。ＧＭＳでは、大型化に伴って衣料品が多く扱われるようになる。大量仕入れによる低価格販売はＧＭＳが得意としていた。百貨店は「おしゃれで、ハイカラ」な商品でこれに対抗したのは先述のとおりである。ターミナル駅には駅ビルがつくられ、多くのアパレル店舗が出店した。

しかし、平成期に入るとアパレル業界は市場規模の縮小が大きな問題となってきた。コロナ禍でアパレル企業の破綻や大量閉店が報じられてきた。繰り返しになるがこれはコロナ禍以前からの流れであり、平成期における日本経済の低迷が底流にある。後述する人口オーナス期にあることが大きな要素となっているが、国内需要の低迷、家計収入の伸び悩みが負のスパイラルを引き起こしてきた。加えて、消費者の変化もある。価値観の多様化などである。

H＆Mなどの外資系やユニクロを展開するファーストリテイリングなどがファストファッションを展開し、最新のトレンドの衣料品を低価格で提供している。高品質でトレンディな低価格の商品を提供するファストファッションに対して、百貨店や駅ビル、ショッピングセンターに出店していたアパレル企業は自社ブランドの維持に苦慮していた。

経済産業省のアパレル・サプライチェーン研究会の2016年の報告書によれば、1990年（平成2年）の国内の衣料品市場規模が約15兆円であった。それが、2010年（平成22年）には10兆円に縮小していった。逆に、同時期の供給量が約20億点から約40億点と倍増している。供給点数による単純な計算ではあるが、1個あたりの単価が7，500円から2，500円に激減したこととなる。

「カテゴリーキラー」などとも呼ばれるように、特定の商品分野に集中して圧倒的な品揃えと低価格を武器に、大型専門店は各商品分野において消費者の支持を得ているのである。

## 8 コロナ禍が要因ではない商業の苦境

２０２０年、新型コロナが猛威を揮っていたころ、小売店舗の閉鎖やアパレルブランドの破綻が報じられた。一見、新型コロナが小売店舗に対し脅威になったようである。

しかしながら、小売店舗の苦境が社会の変化によるものであることはこれまで述べてきたとおりである。コロナ禍前の商業は、第二次世界大戦後の団塊の世代と彼らが作った家庭やライフスタイル、働き方に対応して拡大を続けてきたのである。

現在、変わりゆく社会への対応が商業には求められている。もう一度、これまでの商業が抱える問題を整理してみよう。

まず、オーバーストアの状態にあるということである。人口や消費のボリュームの増加をはるかに超えた大規模商業施設の出店により、オーバーストアの状況にある。1平方メートルや1坪あたりの売上額（売場効率）が低下し、収益が減少している。このオーバーストアの課題が顕在化し、新規出店が減少し、加えて既存の店舗も閉店することになった。コロナ禍において、レナウンやアメリカのブルックス・ブラザーズの経営破綻、セシルマクビーのリアル店舗事業からの

## コロナ禍のアパレル店舗の苦境

**米ブルックス・ブラザーズ破綻**

アパレルの老舗、米ブルックス・ブラザーズが、経営破綻
米国発のトラディショナル・ファッションの代表
カジュアル化、デジタル化の環境変化に対応できず
（２０２０年７月）

**セシルマクビー、リアル店舗撤退**

アパレルのジャパンイマジネーション（東京・渋谷）
10～20代向けブランド「セシルマクビー」の店舗事業から撤退
1990年代には若者を中心に支持される
（2020年6月）

**Jクルー、経営破綻**

米衣料品チェーンのJクルーが経営破綻
コロナ禍で全約500店が営業休止

（2020年５月）

**ワールド、希望退職200人　358店舗を閉鎖**

希望退職、店舗閉鎖などのリストラ
約200人の希望退職のを募集
約360店を閉鎖
（２０２０年６月）

**レナウン、民事再生手続き開始**

アパレル大手のレナウン、民事再生手続き開始
1902年創業、ダーバンやアーノルドパーマーといったブランドで知られる
1990年代には世界最大規模のアパレル企業だった
（2020年５月）

**オンワード、700店閉店**

2021年2月期に国内外で700店規模を閉店
前年も約700店閉店を実施しており、店舗数は約1600店となり2019年10月時点から4割強減小
百貨店の客数減などの影響による販売不振
（2020年４月）

【表1-17】相次ぐ店舗の閉鎖、ブランドの破綻

撤退などのニュースが流れた。このアパレルの閉店はコロナ禍以前から見られていたもので、その流れがさらに加速した結果と言える。

二つ目はＥコマースへのシフトである。これもコロナ禍以前からの流れであった。アパレル各社は売上に占めるＥコマース比率の向上を目指し、取り組んでいた。ＧＭＳやスーパーマーケットにおいてもネットスーパーという店内の商品のデリバリーを行い、また強化してく方向にあった。

さらに、人手不足などの課題も以前からあった。

結論として、これまで述べてきた現在の商業の課題がコロナ禍により顕在化し、あらためて認識され、新しい商業のあり方への移行が加速させられたと考えざるを得ない。

消費者が商業施設に行って商品を購入するという形が現在ではあたり前のようになっている。しかし、この消費行動が定着したのは昭和期の最後であった。商業施設という場で商品を消費者が購入するというスタイルは、団塊の世代の存在と、その後の世代が中心となって、都市居住者の増加、単身者世帯・核家族世帯の増加、共働き世帯の増加、モータリゼーションによる車を利用した生活への変化などの社会の反映なのである。この社会に合致し、低価格とワンストップ性という魅力を武器にスーパーマーケット、ＧＭＳや大型専門店などがシェアを広げていったのである。

コロナ社会やＥコマースの広がりにより、商品を提供・購入する場、購入方法、配送方法などが変わってきている現在、従来の商業施設の運営も変わらざるを得ない。消費者に、従来の魅力だけでは価値を認識してもらえなくなってきている。従来のままの運営では多分廃れていくであろう。消費者の変化を注視し、日々あるべき姿を模索し続けなければいけないのである。これまでのあたり前を検証し、これからの姿を模索していかなければならない。

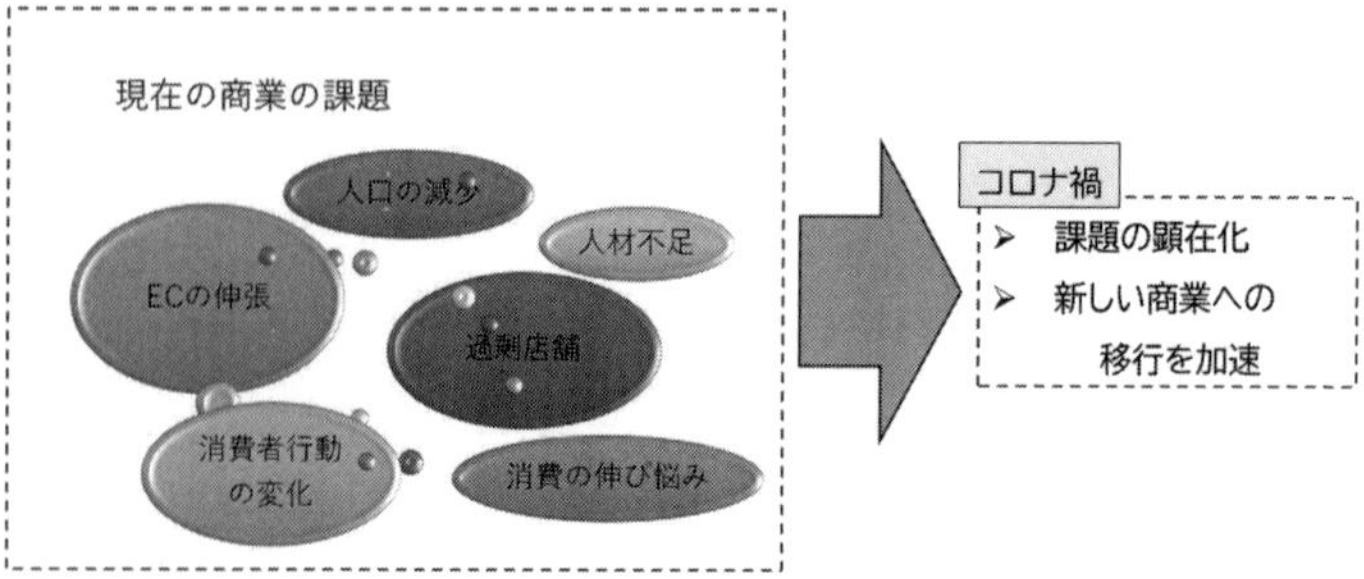


【図1-18】コロナ禍が商業に及ぼした影響

# 第2章

# 社会の変化

コロナ禍は小売店舗や飲食店・サービス店舗業などの商業施設に大きな影響を与えた。しかしそれは、商業が抱えていた課題を顕在化させ、新しい商業への変化を加速させたに過ぎない。

それでは、社会はどのように変化し、商業にどのような課題を突き付けたのだろう。本章では、マンガ「サザエさん」の時代の社会から、スマホに代表される現在の社会への変化を検証していきたい。

# 1　ＩＴは社会を変えた

## (1) 場所と時の鎖からの解放

インターネットはどのように普及していったのだろうか。インターネットの利用はかなり昔から行われていたが、一般大衆の利用は、１９９０年代にマイクロソフト社が発売した「Windows」がその契機となった。１９９７年のインターネットの人口普及率は10％台であったのが、２００６年（平成18年）には70％を超えている。10年も経たずに日本社会に浸透していったのであった。インターネットを利用しての様々な情報の発信・収集が一般化していったことがわかる。加えて、単なる情報の受発信にとどまらず販売などの商行為も同様に広がっていったのである。

インターネットの普及と同時期に携帯電話の普及もみられた。図２－１は固定電話と移動電話の加入契約者数の推移である。移動電話の普及に反して固定電話の加入契約者数が減少してることが如実に示されている。

インターネットと携帯電話の普及は、場所と時の鎖から人を解き放つこととなる。世界で起きている出来事を瞬時に知ることができる。離れた人といつでも会話ができる。今ではあたり前のことがそれまでは不可能であったのである。駅前で待ち合わせした時、全員が揃うまで集合場所から動けなかった。多くの駅には伝言板が設置されており、黒板にチョークで「先に○△に行く」などと書き残したものであった。

この携帯電話は今ではスマートフォンに置き換わり、電話だけでなく通信も可能である。一層、場所と時の鎖が弱まっている。日本ではiPhoneが２００８年（平成20年）に登場し、急速に普及し、２０２１年（令和３年）の世帯普及率は90％近くになっている（総務省「令和４年情報通信白書」）。インターネットへのアクセスの媒体としてスマートフォンが一

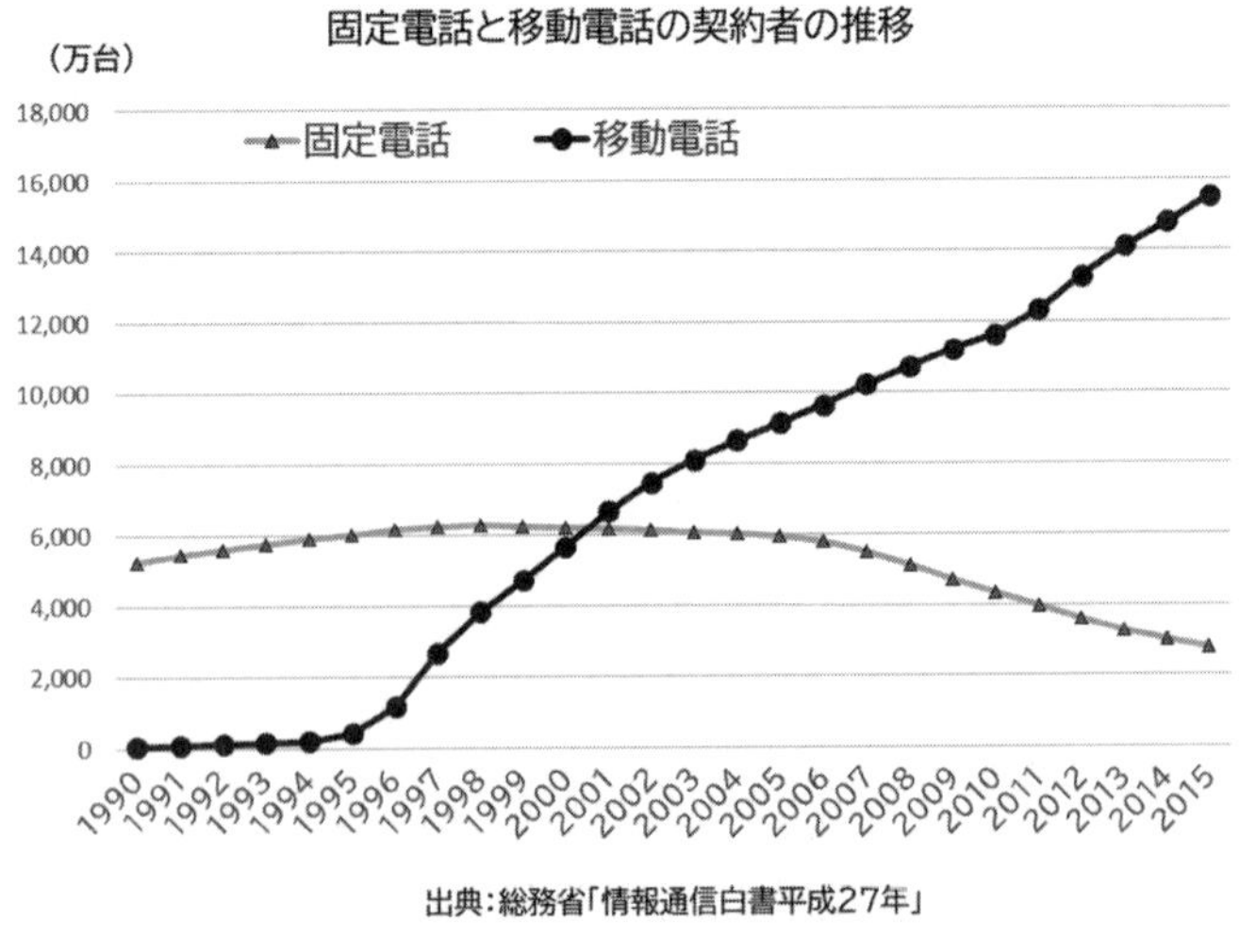


【図2-1】固定電話と移動電話の加入契約者数の推移（出典：総務省「情報通信白書平成27年」）

般的になっているのである。

このスマートフォンの出現まで、インターネットへのアクセスは自宅のパソコンから行っていた。「自宅内のパソコンからのアクセス」から「場所を選ばず、いつでも、スマートフォンからのアクセス」へと変化していった。スマートフォンの登場と広がりにより、インターネットへのアクセスはさらなる利用場所、時間に大きな変化をもたらしたのである。

インターネットやスマートフォンの出現・浸透は、新しい事業やサービスを生み出している。一例として、民法テレビ配信アプリ「TVer（ティーバー）」である。民法が地上波で放送した後、1週間ほど視聴できるサービスである。一部の番組ではTVerでの広告収入が地上波放送時よりも大きかった事例もあるらしい。テレビドラマを見るために早く家に帰る必要もなくなったのである。それればかりでなく通勤時の電車の中で視聴するなど、場所と時間を自分でコントロールできる。

働き方にも変化が生じている。かつては会社という場所に決まった時間に行って働いていた。それがＩＴインフラの整備で働く場所を柔軟に選べることとなった。コロナ禍により一般的になったことであるがそれ以前から取り組まれていた。子育て世帯の人材の活用のための手段や非常時の事業継続の手段、業務の効率の向上などの観点から「オフィス外」を働く場とする環境が整いつつあった。シェアオフィスやコワーキングスペースなどは大手不動産会社の参入などもありコロナ禍の前から多店舗化展開が進んでいた。

固定電話から携帯電話、そして、スマホへの移行を経験した人が多くいる。しかし、いわゆる「Z世代」にとって、スマホはあたり前に存在した通信手段である。さらに、現在の小学生や中学生にとっては、生まれたときから存在し、そして既に利用してい

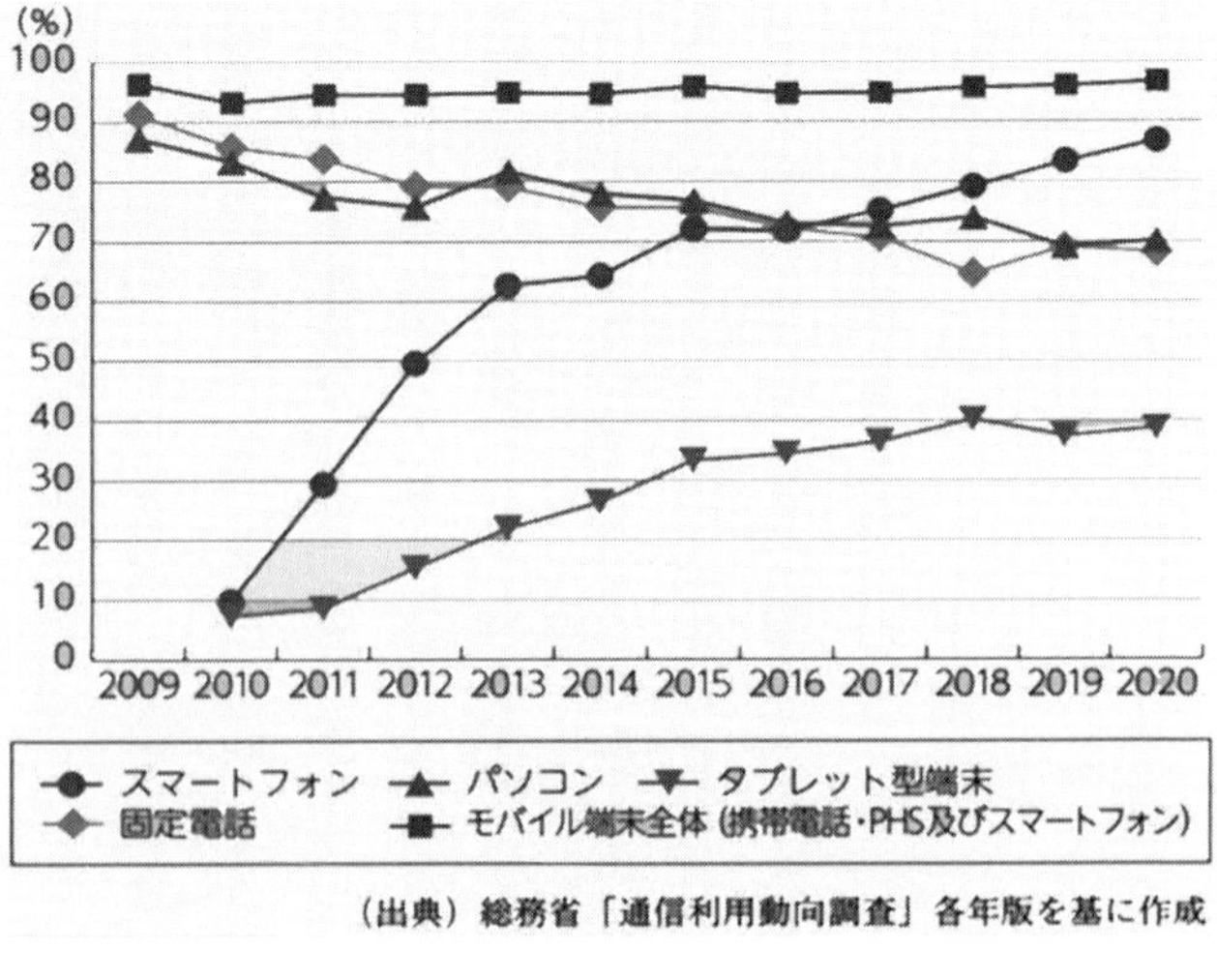

（出典）総務省「通信利用動向調査」各年版を基に作成

【図2-2】情報通信機器の世帯保有率の推移（総務省「通信利用動向調査」のデータより作成）

るのである。中学生の50%以上がスマートフォンを保有しているとの調査結果もある。スマートフォンが身近な社会で育った世代にとって、場所や時の捉え方は当然異なっていくことになろう。例えば、東京と京都・大阪の距離を考えて欲しい。江戸時代には徒歩で移動していた遠い場所が新幹線や飛行機で2時間ほどの距離に現代では縮まっている。現在の小学生などにとっては、さらに異なる感

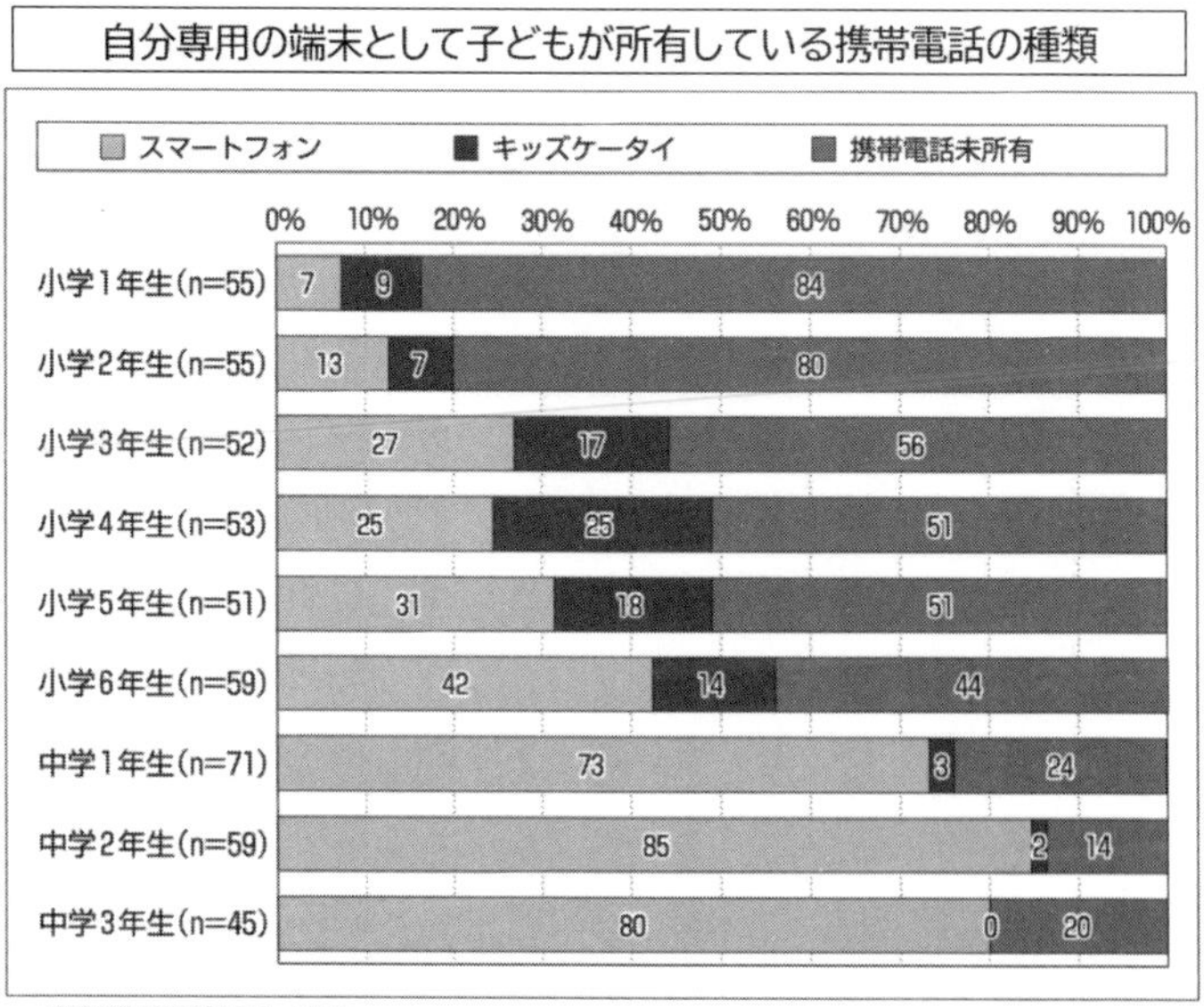


調査時期：2021年11～12月、
調査対象：2021年関東1都6県（東京、神奈川、千葉、埼玉、茨城、群馬、栃木）の小中学生とその保護者
出典：「モバイル利用トレンド2022-2023（モバイル社会白書）」（株式会社　NTTドコモ　モバイル社会研究所）

【図2-3】小学生・中学生の所有している携帯電話の種類（出典：出典：「モバイル利用トレンド2022-2023（モバイル社会白書）」（株式会社　NTTドコモ　モバイル社会研究所））

覚となるであろう。

インターネットやスマートフォンが社会に大きな変化をもたらした。それは何かというと場所と時の制約から人を解き放ったということではないだろうか。

## (2) 急激に伸張するEコマース

平成期において、インターネットの普及とスマートフォンの登場・広がりにより、Eコマースの利用環境が整い、そしてEコマースの市場規模が年々増加していくこととなった。ここでは、Eコマース市場の拡大の推移を具体的に見ていこう。

物販系分野のEコマースの取引額の推移は、図2－4のとおりである。2013年（平成25年）からの推移であるが、Eコマースの市場規模の拡大が年々進んでいることが一目瞭然である。物販分野だけでなく、音楽や書籍のソフトのダウンロード、飛行機や鉄道などの予約、ホテル・旅館などの予約、コンサートなどの興行チケットの購入などのサービス・デジタル分野におけるEコマースの市場規模も同様に拡大している。

Eコマースについて定義しておく必要がある。Eコマース（electronic commerce）とはどのようなものをいうか。一言でいうと「電子商取引」となる。一般的には、ＯＥＣＤ（経済協力開発機構）の定義が認識されている。

**【ＯＥＣＤの狭義の定義】**

物・サービスの売却あるいは購入であり、企業、世帯、個人、政府、その他公的あるいは私的機関の間で、インターネット上で行われるもの。物・サービスの注文はインターネット上で行われるが、支払い及び配送はオンラインで行われてもオフラインで行われても構わない。

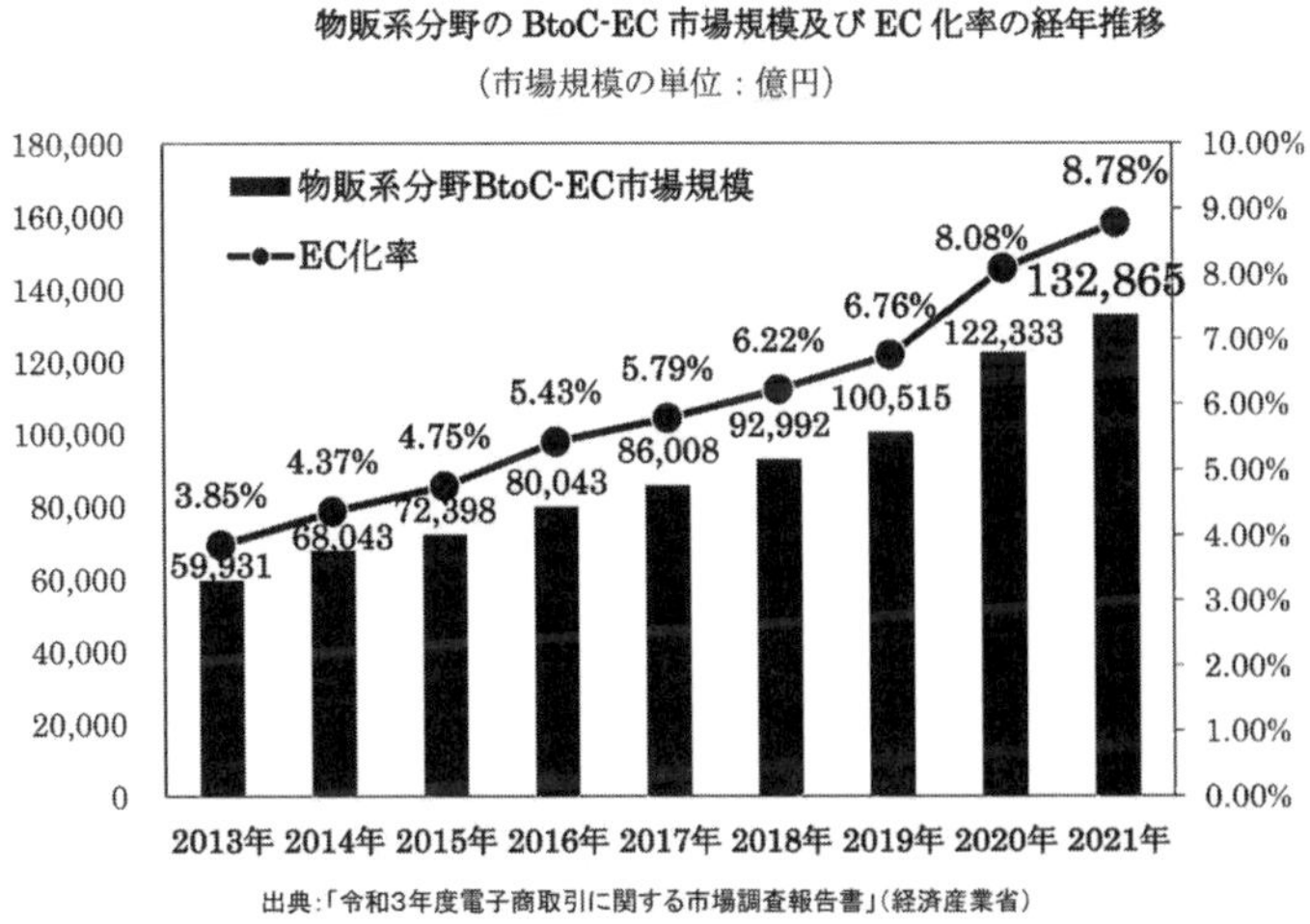


【図2-4】物販系分野のBtoC Eコマースの市場規模の推移（経済産業省「令和３年度電子商取引に関する市場調査報告書」のデータより作成）

つまり、Ｅコマースとはインターネット上で商品の情報の入手から発注、決済（金銭の支払いと受取り）まで行うことをいう。

また、BtoB（Ｂ２Ｂ）やBtoC（Ｂ２Ｃ）とよく耳にする。BtoBとは企業間の商取引を言い、BtoCとは消費者向けの商取引をいう。フリーマーケット（中古売買）アプリやオークションサイトで個人が出品した場合などはCtoC（Ｃ２Ｃ）となる。さらに、越境Ｅコマースという言葉も時折耳にする。インターネットで世界が繋がって

物販系分野のBtoC Eコマース　市場規模

（億円、%）

| 分類 | 2020年 市場規模 下段：前年比 | 2020年 EC化率（%） | 2021年 市場規模（億円） 下段：前年比 | 2021年 EC化率（%） |
|---|---|---|---|---|
| 食料、飲料、酒類 | 22,086<br>21.1% | 3.31% | 25,199<br>14.1% | 3.77% |
| 生活家電、PC、AV機器等 | 23,489<br>28.8% | 37.45% | 24,584<br>4.7% | 38.13% |
| 書籍、映像・音楽ソフト | 16,238<br>24.8% | 42.97% | 17,518<br>7.9% | 46.20% |
| 化粧品、医薬品 | 7,787<br>17.8% | 6.72% | 8,552<br>9.8% | 7.52% |
| 生活雑貨、家具、インテリア | 21,322<br>22.4% | 26.03% | 22,752<br>6.7% | 28.25% |
| 衣料品、服飾雑貨等 | 22,203<br>16.3% | 19.44% | 24,279<br>9.4% | 21.15% |
| 自動車、自動二輪、パーツ等 | 2,784<br>16.2% | 3.23% | 3,016<br>8.3% | 3.86% |
| その他 | 6,423<br>17.0% | 1.85% | 6,964<br>8.4% | 1.96% |
| 計 | 122,333<br>21.7% | 8.08% | 132,865<br>8.6% | 8.78% |

【表2-5】物販系の分類別のBtoC Ｅコマースの市場規模（出典：経済産業省「令和３年度電子商取引に関する市場調査報告書」）

おり、他国の企業などと取引きができる。これを越境Eコマースと呼び、市場規模も拡大している。

1997年（平成9年）に楽天が創業し、ネットショッピングモールを展開する。また、オンライン書店としてアメリカで創業したアマゾンも、2000年（平成12年）に日本に上陸し、「本」のストアを開設した。Eコマースは、パソコンや書籍、音楽CDなどの探索財を対象商品とするところからはじまった。インターネットの人口普及率が60％代であった2005年（平成17年）当時においては、Eコマースの市場規模は約3・5兆円、物販分野では1・7兆円であった。その後、インターネットの人口普及率の上昇とスマートフォンの保有率の上昇と連動するように市場規模を大きくしていった。

物販分野の各商品分類別のEコマースの市場規模、Eコマース化率は表2－5のとおりである。2020年（令和2年）はコロナ禍の影響で前年比で大幅な増加が見られた。Eコマース化率を見ると、生活家電、パソコン及び関連機器、書籍、家具・生活雑貨については高い状況にある。衣料品についてはEコマース化率が高まって来ていることが伺える。なお、食料品などのEコマース化率はまだ低い状況である。

それでは、この拡大はどのような道筋を辿《たど》ってきたのだろうか。インターネットの利用は、その普及が低い時期においては一部の知識を持つ人々の間での通信手段であった。それ故に、Ｅコマースの対象となる取扱品目も現在とは異なっていた。２０１３年（平成25年）には、生活家電、パソコン、ＡＶ機器等の市場占有率は既に20％を超えていた。Ｅコマースの当初の対象商品はパソコンやその周辺機器などだったのである。２０１３年（平成25年）の経済産業省の『電子商取引に関する実態・市場規模調査』の報告書にも、パソコン及びその関連機器がＥコマースの対象として大きな額・比率を占めていたことが記されている。規格、機能・性能、仕様などが特定できる「探索財」がＥコマースにおける対象商品に適していて、その最たるものがパソコンであった。

メーカー、ブランド、機種、性能などにより、商品を特定することが容易な探索財がＥコマースによる購買対象となるのは当然だった。物販分野ではないが、同様に、航空券や演劇・コンサートなどの興業チケットも同様であった。

このような「探索材」とは別に「経験材」と呼ばれる商品群がある。「経験材」とは、機能や性能、仕様などが定まっておらず、実際に手に取って使ってみないと商品の良し悪しがわからない商品群を呼ぶ。まさに経験してみないとわからない商品である。衣料・アクセサリーなどは、手触り、色・サイズ等実際に手にとってみないと分からないという商品特性を有しており、「経験材」の最たる商品である。当初、この衣料品などについてはＥコマースには馴染《なじ》まない商品であると見られていた。しかし、経験財である衣料品などについても、現在、Ｅコマース化率は高くなっており、小売事業者もその比率を高めようとしている。

### (3) スマートフォンがリアル店舗のあり方を変えた

Ｅコマースの市場規模は、スマートフォンの伸張が大きな要素となっていると考えるのが妥当である。現在、インターネットへの接続への利用端末はスマートフォンが一番となっている。従来はパソコンが主であったが既にスマートフォンが取って代わっている。２０２１年（令和３年）にはスマートフォンの世帯保有率が90％程となっている。スマートフォンは従来のパソコンと同様の機能を持っており、パソコンに代わってインターネットへの接続端末として活用されている。

消費者が商品を購入するプロセスがある。マーケティングでは「ＡＩＤＡの法則」が有名である。Attention（注意）→Interest（関心）→Desire（欲求）→Action（行動）の過程である。

消費者が商品を知り、関心を持ち、欲しいという欲求が生まれ、購買という行動となる。これらの過程には広告・宣伝などの活動も存在する。売り手側はテレビや雑誌、新聞などを利用して消費者に商品の宣伝を行ってきた。しかし、これらの広告媒体はその地位が低下し、現在はインターネット上での活動が大きくなっている。しかも、その情報は一般の者が発信者になっていることも多い。新聞や雑誌の記事を読んでいた人が現在はＳＮＳなどで自ら発信者になれる。そして、この個人からの情報発信が消費者には重い存在になってきている。

博報堂生活総合研究所の「生活定点」調査において、新聞や雑誌を「読んでいる」との回答が年々低下している。20歳代、30歳代では特に顕著である。２０２０年の読売、朝日、毎日、日本経済、産経の全国紙５紙の世帯購読率は31・１％（公益財団法人新聞通信調査会の資料）となっている。新聞だけでなく、テレビなどのマスコミの地位も低下していることが広告費の減少から伺える。「２０１９年にインターネット広告費が初めてテレビメディア広告費を上回ったが、２０２１年のインターネット広告費はマスコミ四媒体広告費を初めて上回った。」と経済産業省の『令和３年度電子商取引に関する市場調査報告書』には記載されている。マスコミ四媒体とは、新聞、雑誌、ラジオ及びテレビメディアを指す。

スマートフォンは単に電話だけでなく、ＳＮＳの手段となり、情報の取得だけでなく発信手段としても多くの人が利用している。広告代理店もインターネット上での広告収入が大きな比率を占めるようになってきた。10年ほどの前は自宅のパソコンからインターネットに接続していたのが、通勤・通学の途中でも、買い物の途中でも、〝いつでも〟〝どこでも〟インターネットの利用が可能となっている。

それればかりではない。消費者はリアル店舗で直接見て、触れて、肌で商品を感じる。しかし購入に当たってはネットモールで同じ商品をスマートフォンで確認する。結果的にショールーミングと呼ばれる現象も起こり得る。価格だけのメリットだけでなく、自宅に配送してもらうことにより、荷物として持ち帰ることもしなくて済む利便性もある。

インターネットの普及とスマートフォン

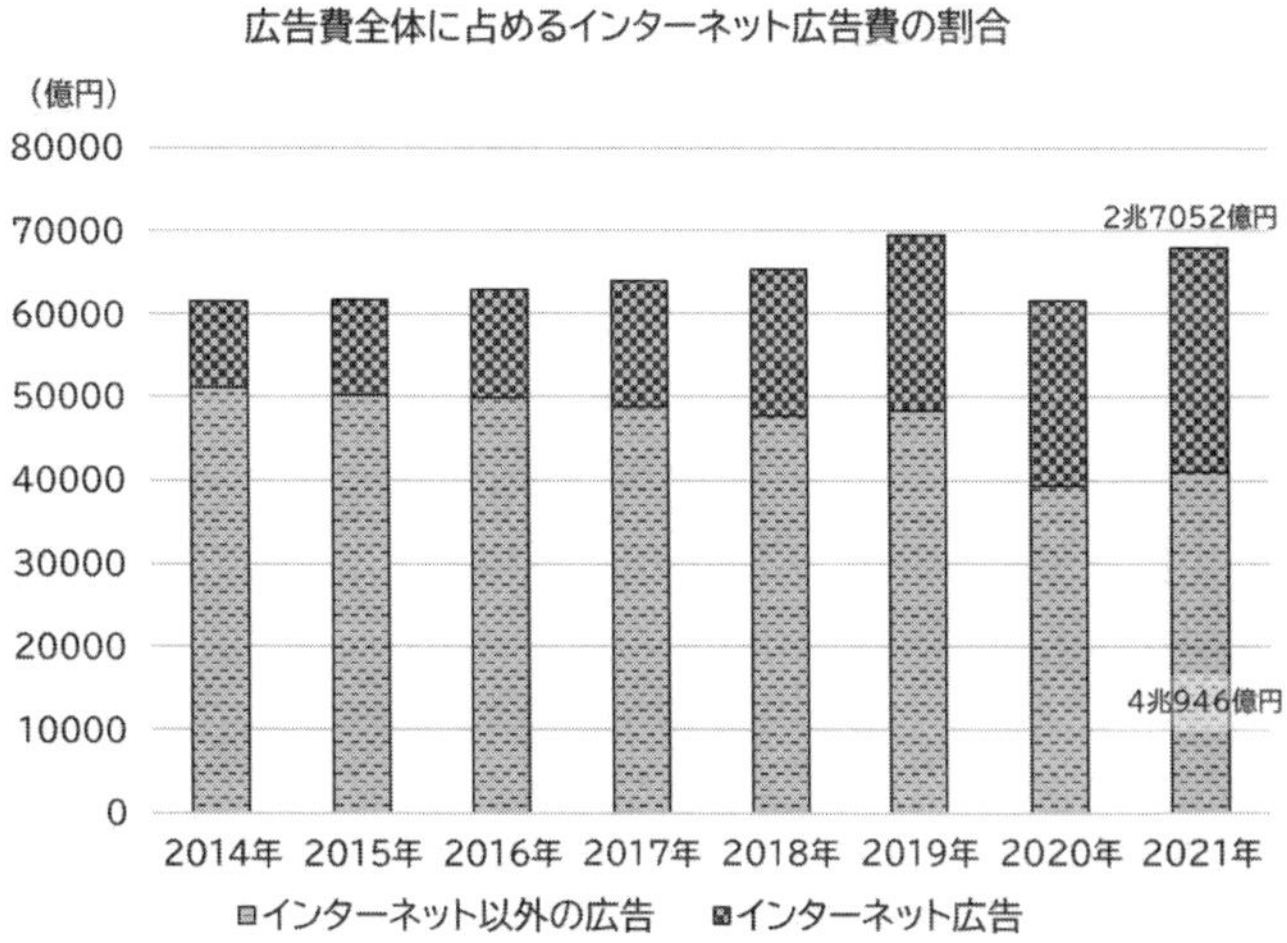


【図2-6】広告費に占めるインターネット広告費の比率（出典：経済産業省「令和３年度電子商取引に関する市場調査報告書」）

の浸透は消費者がインターネットを介して商品の情報、評判を入手し、また自ら発信者となることができる社会となった。この社会の変化がEコマースの伸張という現象を生み、リアル店舗のあり方に変化をもたらすこととなったのである。

スマートフォンの登場がEコマースの市場規模の拡大に大きな役割を果たす結果となったと言えよう。加えて、Eコマースの対象商品は「探索材」から衣料品などの「経験財」にもその対象商品分野を広げ、そして、そのシェアも伸ばすことにもなった。この傾向は、今後も継続すると予想せざるを得ない。

## (4) Eコマースの本質は

Eコマースをミクロ経済学の視点から考察したい。ミクロ経済学とは、消費者の経済活動（消費者行動）及び生産者の経済行動（生産者行動）、ならびに、経済活動の市場を分析対象とするものである。この学問は、合理的な経済活動を模索し、人が幸せに暮らすための経済活動のあり方について研究する。ミクロ経済学では、完全競争市場という仮定の市場（実際に世の中には存在しない市場）を設定し、経済主体の様々な態様における市場への影響を考察する。

完全競争市場の成立には、一般に以下の要件が挙げられる。

①消費者と生産者とは無数に存在する
②消費者も生産者も市場への参入・退出を自由に行うことができる
③消費者も生産者も完全な情報を保有する
④消費の対象となる財・サービスは同一であること

完全競争市場は現実の世界で存在するとは経済学では考えられていない。実際、完全競争市場は地球上では過去も将来も存在しないだろう。しかし、インターネットが全世界を網羅し、Ｅコマースが浸透してきている現代社会においては、「完全競争市場的な市場」が形成されつつあるのではないだろうか。

図２－７は、市場の価格と数量の関係を表したものである。だれもが一度は見たことがあるであろう。需要供給曲線と呼ばれる。

消費者は、個々に異なる予算額を持っている。その中で、個々人が対象商品と他の商品の購入の選択を予算額の範疇《はんちゅう》で最大の幸福（最大効用）を得るために、購入する単価と購入数を決める。これが消費者行動と言われるものである。

Eコマースの市場では、だれもが消費者にも生産者にもなることができ、また、いつでも市場から退出できる。パソコンや家電製品、書籍などの探索財は「完全競争市場」の対象商品として位置づけることができるだろう。加えて、インターネットという環境は、日本国内や外国のあらゆる生産者が商品の提供者になる環境を整えた。無名のメーカーや小規模な企業、個人でさえもインターネットを介して商品を提供できるのである。

このように考えると、「完全競争市場的な市場」が既に形成されている可能性を否定できない。

この完全競争市場においては、価格も生産量・消費量も市場が決めることになる。すべての生産者は市場が決めた価格を受け入れなければならない。この市場が決定した価格を受け入れる生産者のことを「プライステーカー」と呼ぶ。つまり、生産者は自ら価格を決めることができない。結果、生産者は市場が決めた価格において利益が見込めないと判断した場合、市場から退出する

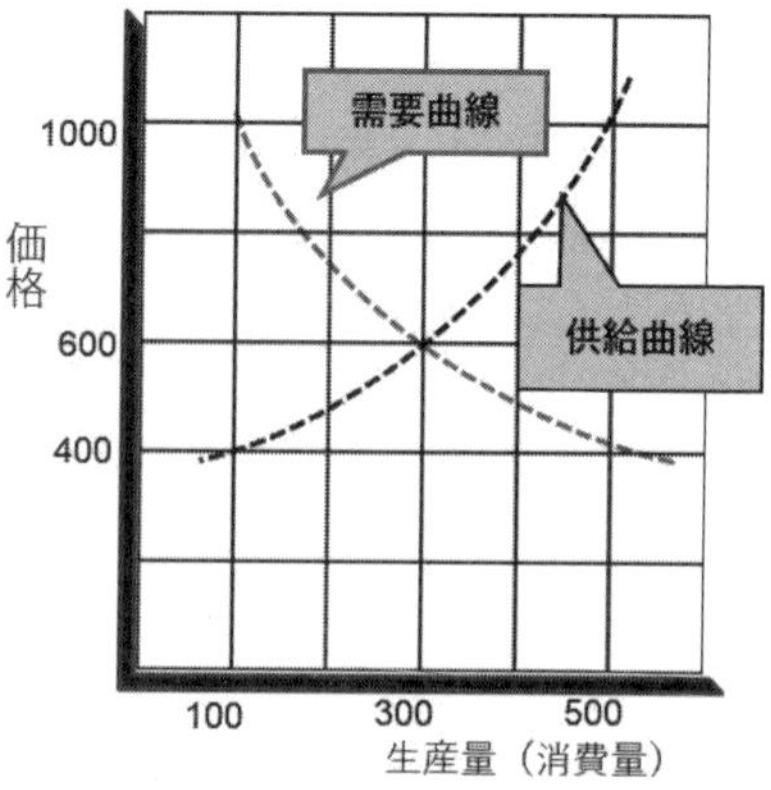


【図2-7】需要・供給曲線

こととなる。独占市場（生産者が1者のみ）や寡占市場（生産者が2者や3者と非常に小数）などと比較すると生産者の利益は、格段に少なくなることとなる。

## (5) Eコマースの得意・不得手

Eコマースの対象となる商品分野としては、パソコン、生活家電、AV機器、そして書籍などがある。また、サービス分野では航空券やコンサートなどの興行チケットである。興行チケットのEコマース市場占有率は80％を超えている（経済産業省「令和3年度電子商取引に関する市場調査報告書」より）。これらに共通することは、商品が同一・同質であること、または、代替性が高いということである。このように、同質性が高い商品が完全競争市場的市場においてはその対象となりやすいといえる。

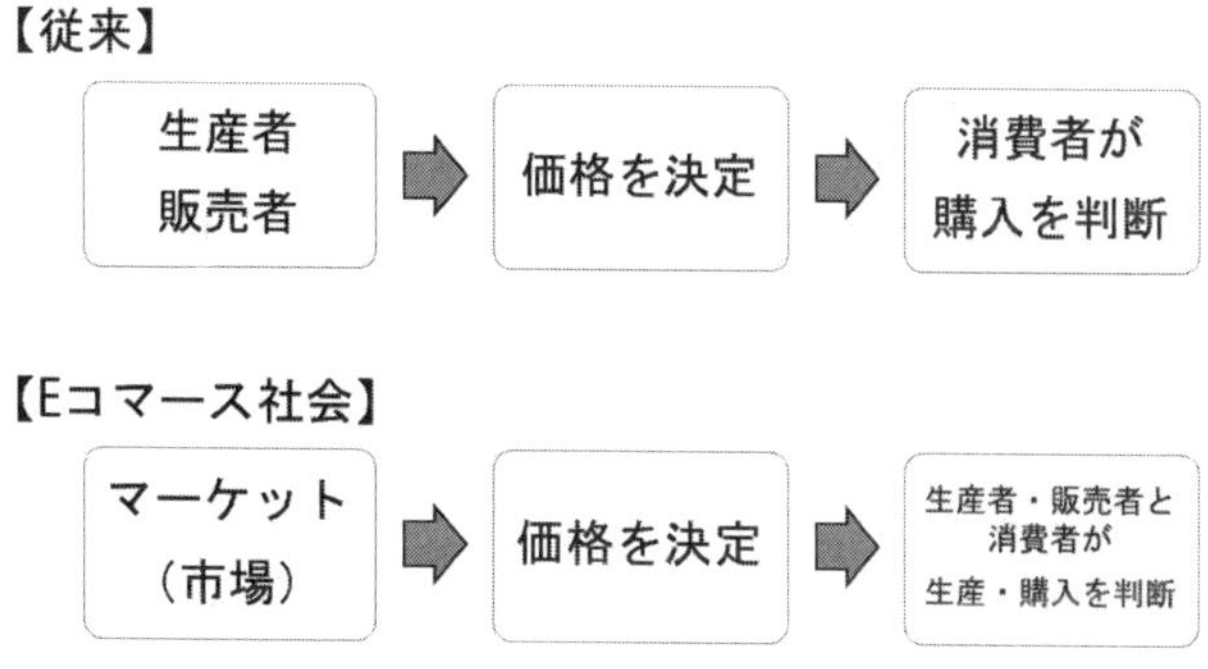


【図2-8】価格の決定の変化

アマゾンが「本」を最初に扱ったのも当然と言えるのではないだろうか。その意味で、探索財はEコマースの対象商品として適していたのである。

### 得意商品群1

探索材は、Eコマースの対象商品となりやすい

また、原価率が低い（粗利益率が高い）商品群は、値引きの幅に余裕があると言える。リアル店舗に必要な家賃（賃料）や店舗スタッフの人件費などのコストが発生しない分、Eコマースではさらに値引きの余裕がある。Eコマースによる提供の方がリアル店舗よりも安く提供できるという最大の強みが原価率が低い商品群では発現する。

### 得意商品群2

粗利益率が高い商品においては、Eコマースの対象商品となりやすい

衣料品はどうだろう。経験財の最たる商品群の一つであり、Eコマースには適さないと言われていた。しかしながら、Eコマースの物販分野において、衣料品・服飾雑貨などの市場規模は大きく成長している。

まず、リアル店舗とEコマースとの双方の利点の融合（オムニチャネル化）である。アパレル企業においても、Eコマース化率を上げる施策に積極的に取り組んでいる。これらの企業ではリアル店舗をショールームの場として位置づけている。スマートフォンの浸透がリアル店舗とEコマースの融合を牽引《けんいん》している。リアル店舗で欲しい商品があったら、スマートフォンを利用してEコマースで購入できる。

加えて、SNSの存在である。TwitterなどのSNSにより購入者の感想など多くの情報が氾濫している。リアル店舗で商品を確認することなく、インターネットで購入する人も多い。

このように衣料品をEコマースで購入することのハードルが下がっている。これは衣料品に限らず、他の経験財においても同様であると思料するところである。

**得意商品群３**　スマートフォンの浸透により、原価率が低い衣料品などの経験材もEコマースの対象商品となる

市場規模が最大の食料品はどうであろうか。コンビニエンスストアやスーパーマーケットの店舗が街に溢れている。地方や都心などでは買い物難民もいるが、多くの消費者が居住するエリア

には複数の店舗が存在する。食料品の購入は仕事帰りなどに容易に行える。Eコマース市場規模もEコマース化率も増加しているが、食料品のEコマース化率はまだ3％台である（表2－5参照）。その理由はスーパーマーケットなどの食料品小売店が総じて徒歩圏に充実していることである。

また、生鮮食料品の原価率が高いことも重要な点である。原価率が高いということはEコマースで販売しても価格に大きな差が発生しない。つまり、価格面ではEコマースでの購入のメリットが消費者にない。提供者にとってもコストを下げることも難しくメリットが少ない。

**不得手分野群**　生鮮食料品などの粗利益が低い商品

# 2 シームレスな社会へ

## (1) 国勢調査の職業は何を選択した？

第二次世界大戦後の日本の産業は周知のとおり、第一次産業から第二次・第三次産業にその中心が移っている。当然その従事者も同様である。国勢調査では自分で職業や仕事を書き込む。一貫して第三次産業に従事する人が増加しており、特にサービス業への従事者が顕著である。

しかしながら、データを整理していて平成期に特に増加したと私が感じた職業が２つある。一つは「医療・福祉分野への従事者」である。１９９５年から２０１５年の20年間の間に倍増し７００万人もの従事者が存在するようになった。少子超高齢化も大きい要因であろう。

そしてもう一つは、「分類不能」である。「分類不能」とは、従来の分類に入れることができない仕事に携わっている人である。国勢調査の職業分類は、５年毎の調査において職業の項目が増えている。現実社会においては新しい仕事が生まれ、その仕事に従事している人々が出てくる。国勢調査は、現実の社会を後追いするように職業の分類の項目を増やし続けているのである。それでも、「分類不能」な仕事に従事する人々がいる。２０１０年には、３５０万人程が「分類不能」

とされた。

「分類不能」とはどのように位置づけられているのか。令和2年国勢調査に用いる職業は、12の大分類に区分しており、小分類では232の区分にも渡る。職業を「報酬を伴うか又は報酬を目的とするもの」と位置づけており、「PTA・子供会の役員、社会福祉活動、ボランティア活動等のように無給の奉仕活動に従事している場合」は職業とみなしていない。

「分類不能」と集計されたのは、「いずれの項目にも含まれない職業が分類される。これは主に調査票の記入が不備であって、いずれの項目に分類すべきか不明の場合又は

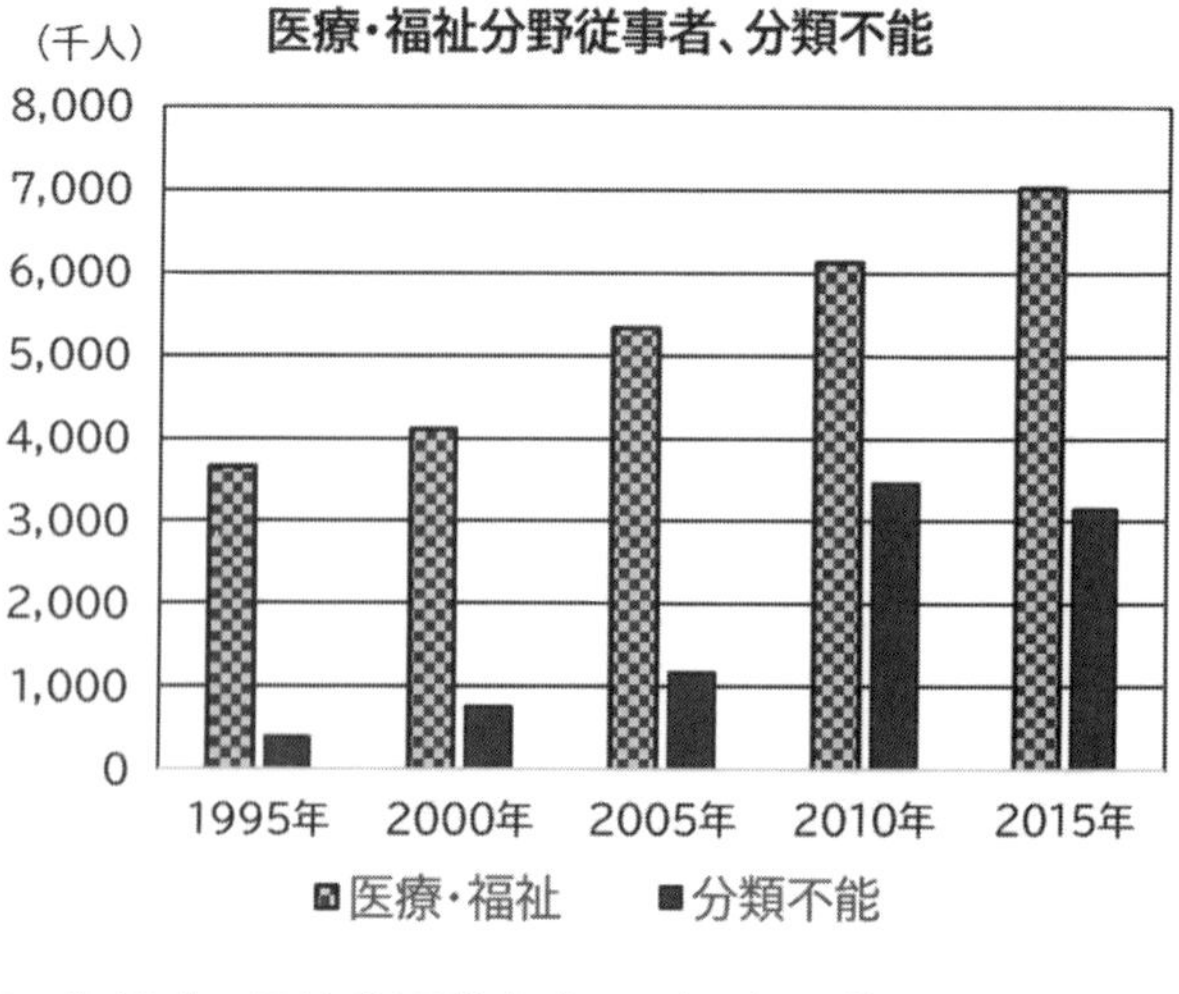


【図2-9】医療・福祉分野従事者及び分類不能とされた人の推移（「国勢調査」のデータより作成）

記入不詳で分類しえないものである。」と定義されている。「調査票の記入が不備」とあるが３０0万人を超える人が「調査票の記入が不備」をするであろうか。１９９５年の国勢調査であれば１％にも満たないので分からなくもない。しかし３００万人を超える人数となると「記入が不備」では理解ができない。

思い浮かぶのは複数の仕事に携わって場合である。しかし、複数の仕事に従事している場合は主たる仕事を記入することとなっている。それでは動画共有サイトYouTube上で自主制作の動画作品を継続的に公開しているYouTuber（ユーチューバー）などであろうか。この場合、「写真家、映像撮影者」または「舞踊家、俳優、演出家、演芸家」と分類されるようである。もちろん、仲間内の話題提供であるなど収益を得ることを目的としていない人は該当しないし、小遣い稼ぎくらいの副業を行っている人も該当しない。

この国勢調査での「仕事の種類」では、新たに誕生した職業もあれば、消えていった職業もある。副業を認めている企業も多くある。複数の業務のコンプレックスや社会のニーズによる新しい仕事が生まれている。企業に属していてもワーカーの実際の業務は多岐にわたる。また明確に区分することも難しくなっている。これまでの職業の区分や業務内容の境界が曖昧になってきているのである。

３００万人を超える「分類不能」を職業とする人たちを精査すると今後の社会を考える上で有用な情報が得られるかも知れない。

## (2) 働き方の多様化

コロナ禍による働き方の最大の変化は働く場の変化である。コロナ禍で多くのワーカーが在宅ワークを余儀なくされた。テレワークはコロナ禍以前から多くの企業に導入されていた。オフィス外で働くためのＷｅｂ会議や事務作業の環境の整備が進んでいた。意図としては、業務の効率化や非常時の事業継続のための施策としてである。また、女性を中心とした育児期のワーカーの確保もある。コロナが襲来して瞬く間に在宅ワークに移行することができたのはコロナ禍以前からの取り組みがあったからである。

このテレワークを可能としたのはＩＴインフラが整備されたことである。

現在多くの企業が導入しているのがクラウドである。クラウドプロバイダーと呼ばれる事業者は記憶媒体やソフトウェアを提供し、企業は遠隔から利用するのである。クラウドプロバイダー事業者は大規模なデータセンターを持ち、このデータセンターにはサーバーコンピューターを用意し、各企業がこれをインターネットなどの回線を経由して利用するのである。以前は、各企業が自身のコンピューターにデータやソフトウェアを保管していた。現在、ワーカーは仮想デスクトップにより、クラウド上のデータやソフトウェアを利用するのである。

加えて、オフィスだけでなく自宅も光回線で繋がっていることも大きい。また、パソコンの能力の向上もある。ZOOMなどのWeb会議のサービス事業者などの存在もある。

このようなITインフラの整備があったからこそ、在宅ワークに容易に移行できたのである。それまでオフィスに足を運び仕事に臨むのがあたり前だったが、多くの者が在宅ワークを経験することとなった。


ワーカーは、実際にテレワークを経験して多くのメリットを感じた。通勤時間の削減や自分・家族のための時間の取りやすさなどである。また、作業に集中できるとの評価もされている。ワーカーにとっても企業にとってもテレワークを行ってメリットがあることを実感したのである。在宅ワークだけではない。サテライトオフィスやシェアオフィス、コワーキングスペースなどにおいてもテレワークは可能である。それだけでなく、図書館やカフェなど場所を選ばない。

さらにオフィスのあり方にも変化をもたらしつつある。オフィスという場の存在理由は社員のコミュニケーションの場であるということである。事業や業務を行うに当たって、どのような商品を作り出すのかというような方向性の共有が大切である。また、ある事案について複数の社員が意見を交換することによって、新しい発想なども芽生える。多様な人が交流することによって、新しい発想や視点が誕生するのである。オフィスの場所やオフィスのデザインなど、このコミュニケーションの場

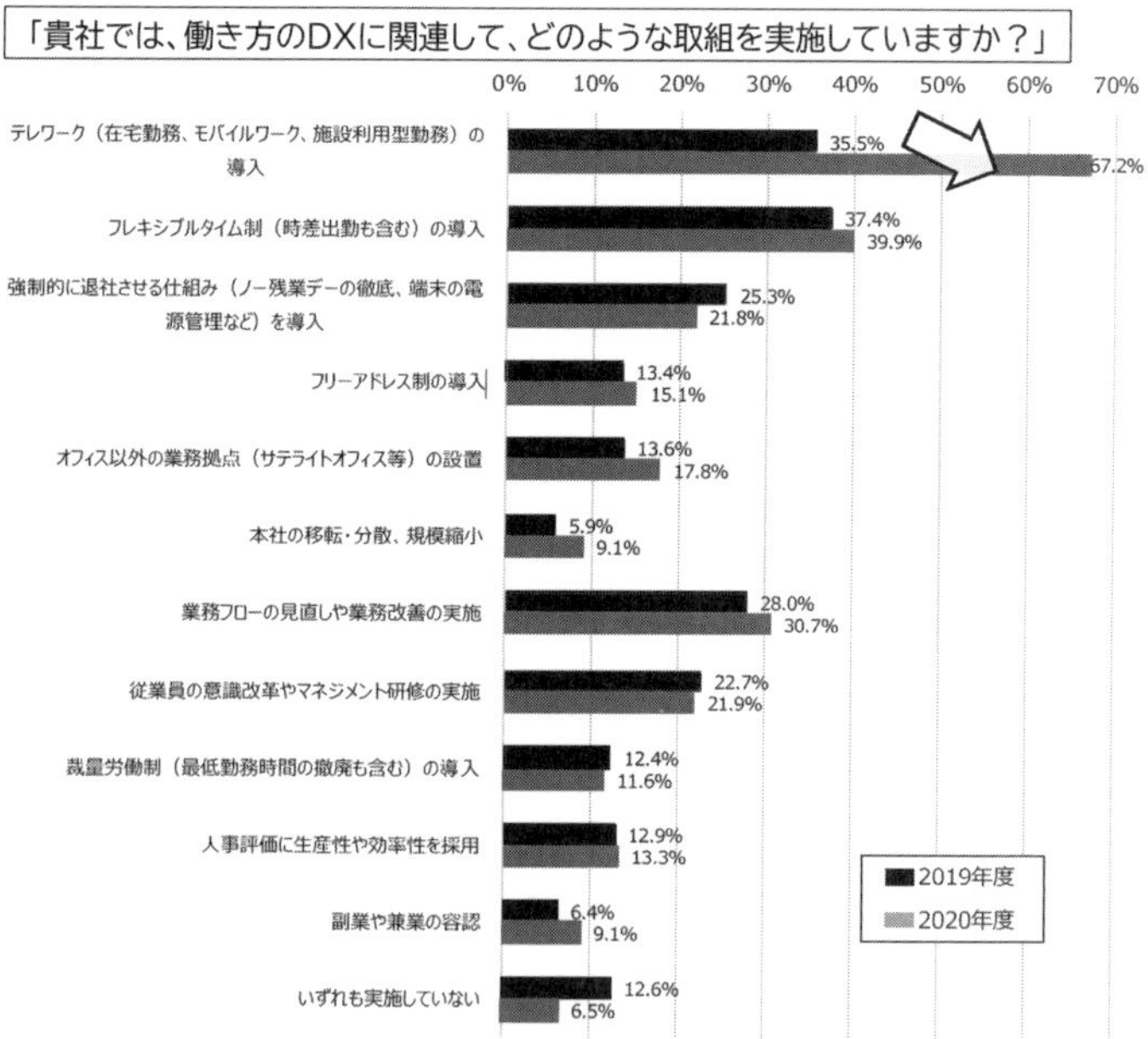


【図2-10】実施している「働き方改革」の内容（出典：総務省「デジタル・トランスフォーメーションによる経済のインパクトに関する調査研究の請負報告書」株式会社情報通信総合研究所、2021年3月）

としての活用を意図した形に変化していくこととなっていくであろう。

テレワークの定着は、商業施設の立地にも変化をもたらすこととなる。例えば、東京都新宿区の西新宿のオフィス街には20万人のワーカーが存在する。しかし、新型コロナが襲来し、「ステイホーム」が呼びかけられた。緊急事態宣言下の２０２０年４月の西新宿のオフィス街からは人が消えていた。以前はワーカーの利用で毎晩にぎわっていた新宿駅西口の飲食店舗も臨時閉店となっていた。西新宿の高層オフィスビルはテレワークが定着し、２０２２年でも出社率が70％前後であるという。この情報が正しいとすると西新宿の飲食店舗は３割の顧客を失ったのである。

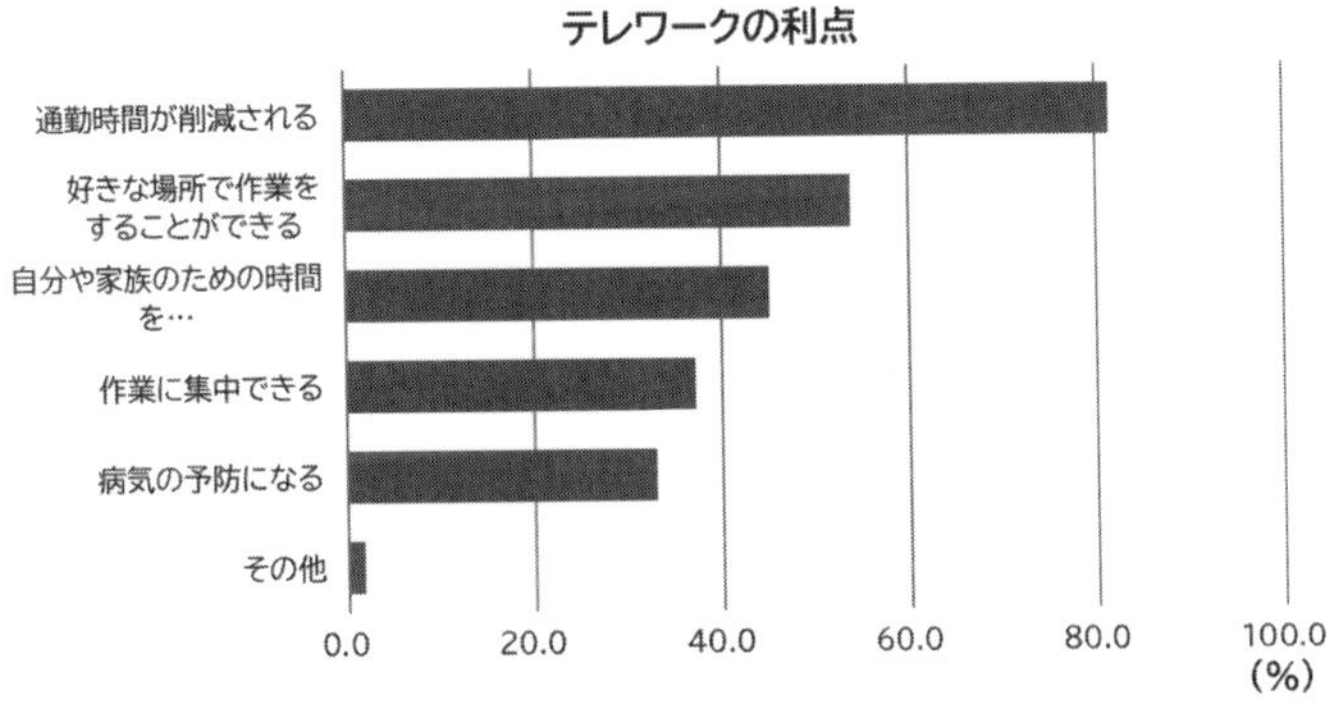


【図2-11】テレワークの利点（出典：総務省「ウィズコロナにおけるデジタル活用の実態と利用者意識の変化に関する調査研究（2021年）」）

それだけでなく、住宅地に対する価値観の変化も起きるのではないだろうか。毎日通勤することを考えると「駅近」が評価の最大の要素であるが、今後は環境や在宅ワークが可能な広さなど、価値判断の基準も変わっていくこととなるかも知れない。

これまでの住宅街やオフィス街、商業の街などの区分も曖昧になっていくと考える。少なくともその境界が見えなくなるであろう。住む場であり、働く場でもあり、憩い、人と人との交わりの場としての街づくりが現在、模索されている。働き方の変化は、街の境界も消してしまい、新しい街に変えていくこととなるだろう。

## (3) 消費者が提供者へ　インターネット社会は、消費行動にも変化をもたらした

まず、消費者の変化である。「モノ消費」から「コト消費」への変化が叫ばれて久しい。1980年代、昭和期の終わりにはモノ余りの社会へとなった。家にはモノが溢れ、スーパーマーケットや大型専門店、ショッピングセンターでは、いつでも手に入れることができる。消費者はこだわりを持って商品（製品・サービス）を選別するようになった。共感できるモノやコトに重点を置くようになり、自分のライフスタイルの実現のために商品を選別するようになった。さらには、

地域の活性化や雇用などに有益であるなど、人・社会・地域・環境に配慮した消費行動も生まれている。エシカル消費と呼ばれる。「地産地消」などもその一つである。ＳＤＧｓにもとづく消費もある。地球全体の視点からの持続可能な消費と生産のため、環境に配慮した商品への志向もある。また、所有することよりも体験することに価値を見出す傾向もある。様々なシェアリングが存在し、車のシェアリングだけでなく、インターネットのアプリを使った売買もその一例である。同様に、循環経済の消費行動の展開の一つとしてサブスクリプションも色々な分野で支持を広げている。

次に、消費者自体の変化もある。モノ消費の時代には、消費者は購入する立場でしかなかった。消費者が変わったとは、ただ単に購入する側だけで

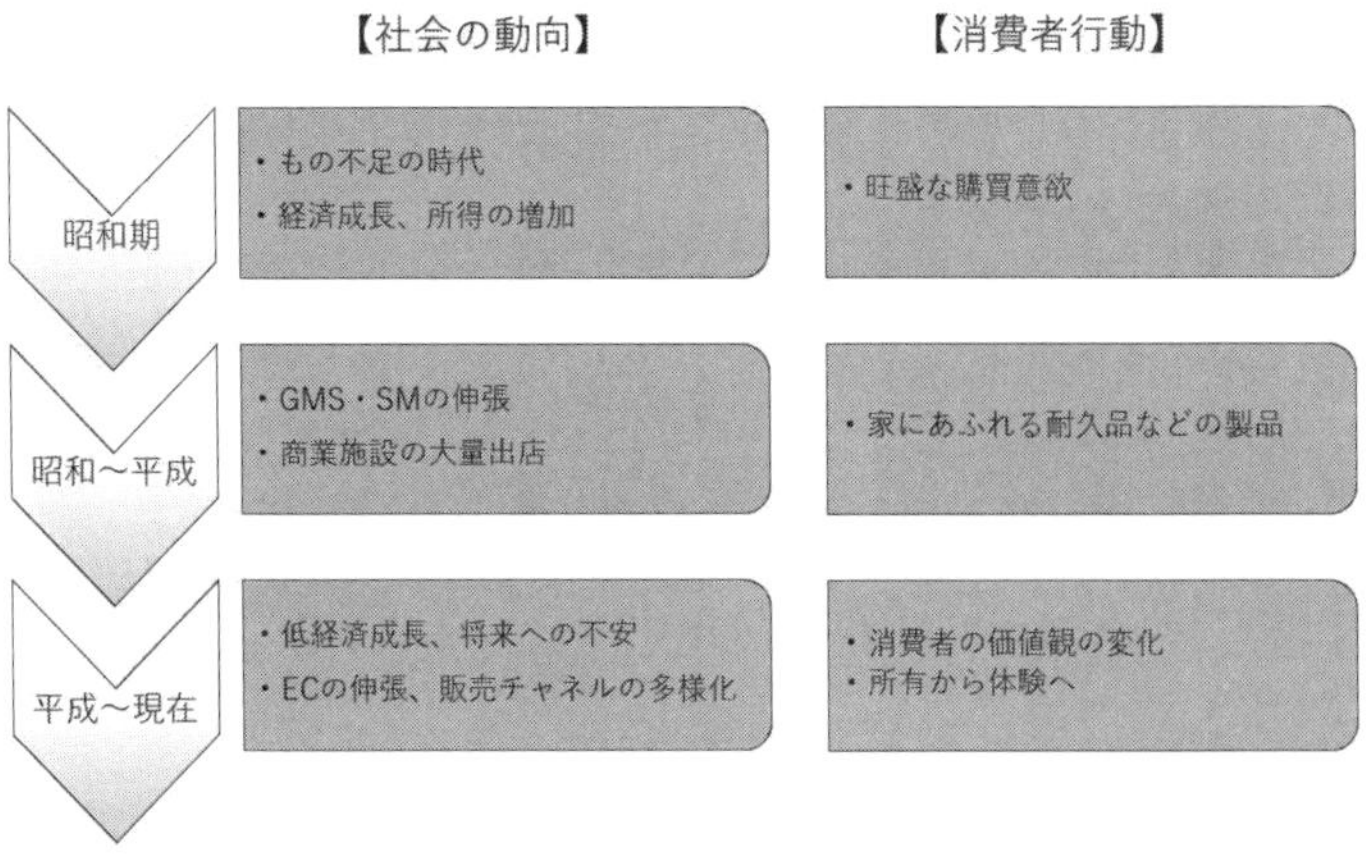
【社会の動向】
【消費者行動】
昭和期
・もの不足の時代
・経済成長、所得の増加
・旺盛な購買意欲
昭和～平成
・GMS・SMの伸張
・商業施設の大量出店
・家にあふれる耐久品などの製品
平成～現在
・低経済成長、将来への不安
・ECの伸張、販売チャネルの多様化
・消費者の価値観の変化
・所有から体験へ

【図2-12】モノ消費とコト消費

はなくなったということである。テレビや新聞などは「情報の発信者」と「情報の受け手」に分離されていた。しかし現在、YouTubeやTwitterといったＳＮＳによって私たちは情報の受け手だけでなく発信者にもなれる。時には情報を手に入れ「いいね」と反応し、自分の経験や感想をツイートして発信者となる。YouTubeも同じである。動画を通して様々な情報を入手することが可能であり、その動画をさらにＳＮＳで広めることができる。そして自分の思いなどを動画として全世界に発信することさえ難なくできる社会となっている。

商業においても同様である。一消費者であると同時に、製品やサービスの商品について感想や評価を社会に伝えることができる。クラウドファンディングなどを通して商品の製作にも参加できる。さらには自らが商品を製作することも可能であろう。自ら作った商品をインターネットで全世界に提供することが可能になっている。このようなところまでしなくても、ＳＮＳで

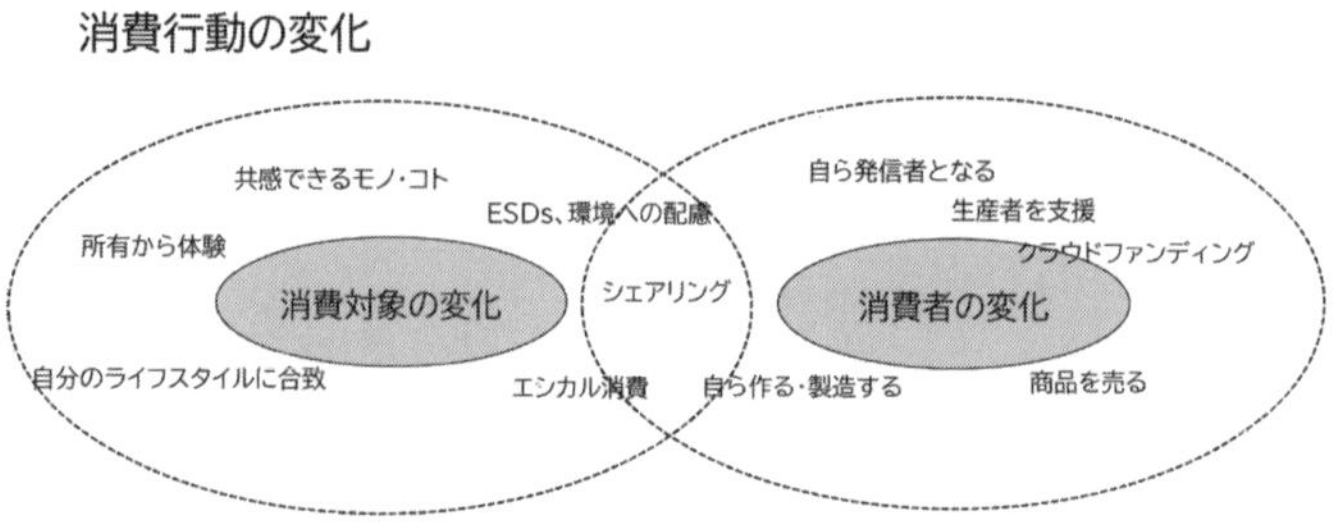


【図2-13】消費行動の変化

商品の評価を行ったりすることは日常的になっている。これらは生産者・提供者の支援となっている一方、このように単に購入するだけの消費者ではなく、作り手の側にも消費者はなっているのである。

インターネットにより、世界中の人が繋がることができるようになった。インターネット社会は、消費行動も変化させ、これまでの生産者（供給者・提供者）と消費者との境界も無くしてしまったのである。消費対象の変化と消費者自体の変化である。

## 3 人口減・少子超高齢化がもたらす社会

商業という分野を語るには、日本全体の状況を把握する必要がある。当然、地球規模での視点も必要ではあるが、少なくとも足元の状況を認識しなければならない。高度経済成長期には商業も拡大を続けた。しかし、1990年代以降、日本経済が停滞しており、商業も厳しい環境下にある。

日本の総人口は2010年（平成22年）までは増加を続けてきたが、それ以降減少に転じ、2

030年（令和12年）以降急な減少となると推計されている。1980年代までは日本全体の成長の中で商業は様々な業態を含めて拡大してきた。しかし、それ以降は人口の増加も鈍化し、さらに現在、人口が減少に転じていることからマーケットボリュームの縮小は避けられない状況である。

次に、年齢別の構成を見てみましょう。図2-14は、1990年（平成2年）と2020年（令和2年）の人口ピラミッドである。主たる消費世代の構成が相対的に小さくなっている。人口の減少だけでなく、少子超高齢化からも将来の商業のマーケットボリュームの縮小は避けられない状況である。

「人口ボーナス期」と呼ばれる時期がある。人口ボー

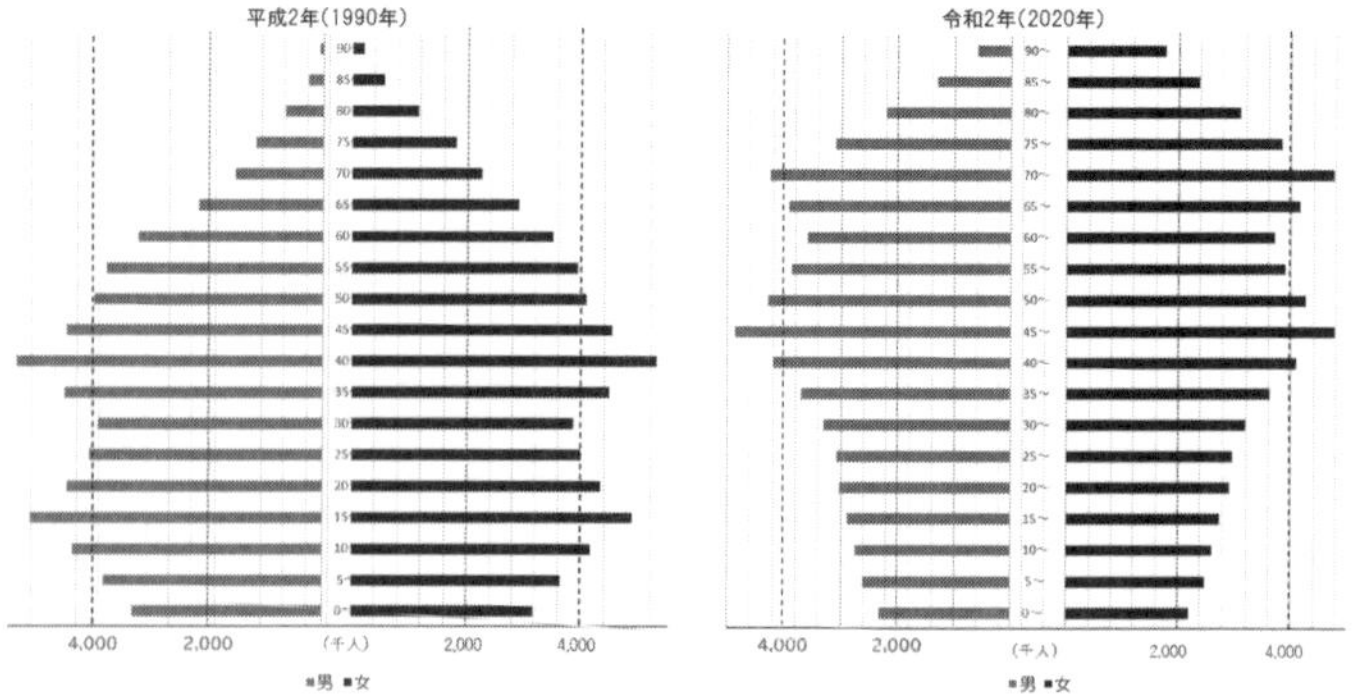


【図2-14】1990年と2020年の年齢区分別人口（「国勢調査」のデータより作成）

ナス期とは、

①若年層と高齢者層の総人口に占める比率が低下する状況

②生産人口／（若年層＋高齢者層）が２以上である状況

の時期を一般的には呼ぶ。、生産年齢（15～64歳）の人口が、若年層（15歳未満）と高齢者層（65歳以上）の合計に対して大きく上回っていることから、この人口ボーナス期の特徴として以下の点が挙げられる。

①労働力の供給が高まり、生産力が増加する

②生産人口の層の消費が増加する

③教育や高齢者福祉などの社会保障費が抑制される

結果、経済全体は上向きの傾向となる。この人口ボーナス期は最も経済にプラスの効果を与える時期となる。逆に、生産年齢人口の割合が減り、経済成長を妨げる時期を人口オーナス期と呼ぶ。図２－15は生産年齢人口などの推移を示したものである。１９９０年までが人口ボーナス期にあ

生産年齢人口の推移　　単位：万人

| 年 | 1980年 | 1990年 | 2000年 | 2010年 | 2020年 |
|---|---|---|---|---|---|
| A　若年層 | 2751 | 2249 | 1847 | 1680 | 1496 |
| B　生産年齢人口 | 7884 | 8590 | 8622 | 8103 | 7292 |
| C　高齢者層 | 1065 | 1490 | 2201 | 2925 | 3534 |
| D　（A+C） | 3816 | 3739 | 4048 | 4605 | 5029 |
| 生産年齢人口比率 B/D | 2.07 | 2.30 | 2.13 | 1.76 | 1.45 |

【図2-15】生産年齢人口などの推移（総務省「国勢調査」のデータより作成）

たる。１９９０年の生産年齢人口は、若年層と高齢者層の２・３倍と最も大きくなり、当時は、日本がバブルに浮かれていた時期である。商業においては、１９９１年まで売上額は増大していたが以降は低迷を続けることとなる。

それでは、実際の家計（個人の家庭）における消費支出額がどうだろう。図２－16は、総務省が調査している家計調査での全世帯平均の１世帯あたりの年間消費支出額である。２０００年（平成12年）には、１世帯あたり約３３０万円であったところが、２０１０年代は３００万円を割り込んでいる。

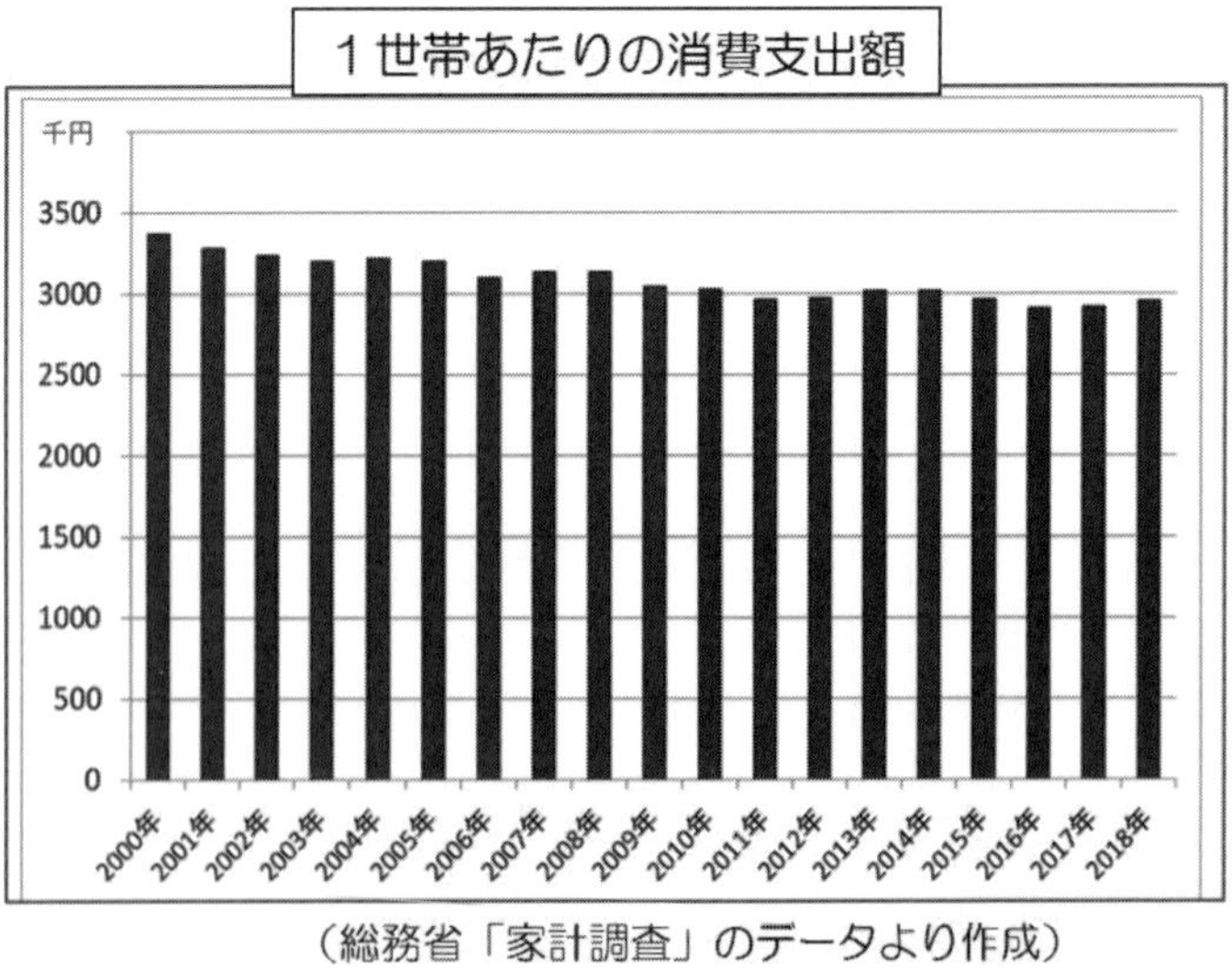


【図2-16】１世帯あたりの消費支出額（総務省『家計調査』のデータより作成）

家計収入の伸び悩みも当然あるが、商品単価の下落の影響も大きいと思われる。なお、携帯電話・スマートフォンなどの通信費もこれには含まれている。通信費の負担の割合の増加は店舗に対する支出に影響を与える。結果として、店舗への支出は図の統計以上に厳しい状況であることが伺える。

## 4 消費行動の底流にある、人と人との繋がり

２０１１年（平成23年）の東北地方太平洋沖地震による東日本大震災、２０１６年（平成28年）の熊本地震、また、毎年のように豪雨などの天災といった災害がある。この災害の報道でよく目に付くのが、ボランティアの存在である。

マズローの欲求ピラミッドとして知られる理論がある。これは心理学者アブラハム・マズローが提唱したものである。現在は、単に食欲を満たすために青果、精肉、鮮魚などの食料品を購入する時代ではない。先述のエシカル消費も自己実現の一つであろう。自分が好むライフスタイルの実現という視点での消費もある。また、「仲間が欲しい」とか、「周りから自分の存在を認めら

れたい」といった欲求は自然なことである。現在の日常生活がある程度の生理的欲求を満たしているのは確かであり、社会的欲求や自己実現欲求なども消費者は確かに持っている。このような人間としての存在意義の表現は、ボランティア活動などとして現れるのではないだろうか。

次にコミュニティの形成について一つ話したいことがある。都市化した地域社会ではコミュニティが形成されにくいとよくいわれる。多くのチームが参加する「YOSAKOI」祭りが色々なところで開催されている。この一つのチームを「連」と呼ぶ。連によって趣向が違う。この「連」を現代社会のコミュニティの典型と捉えることができないだろうか。連に加わる人々は、それぞれYOSAKOIに対する意気込みが異なる。例えば、生活の中におけるYOSAKOIのプライオリティが高い人たちがいる。また、みんなでワイワイと楽しむ手段としてYOSAKOIを利用している人たちも存在するであろう。同じ志向を持つ人たちが一つの「連」を形成するのではないかと私は思う。これはYOSAKOIに

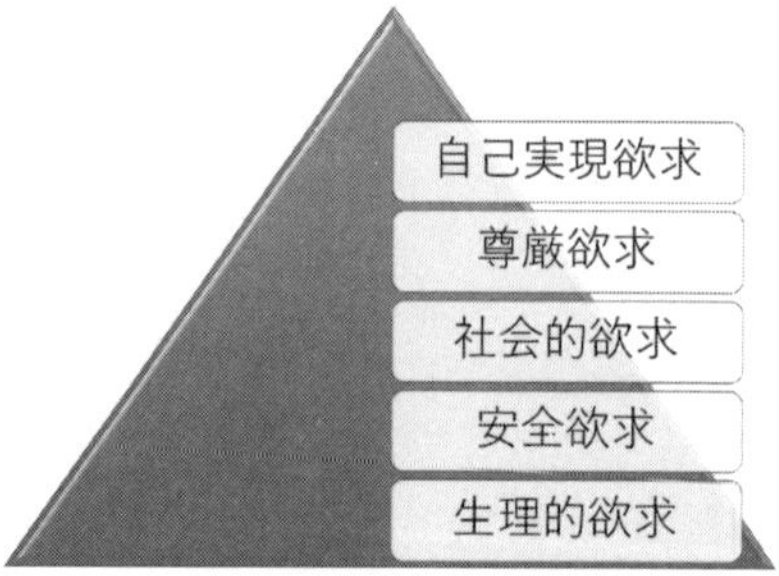


【図2-17】マズローの欲求ピラミッド

限った話ではない。同じ価値観や志向・考えの中に自分を置くことによる「憩い」と、異なる発想などを持つ人やモノ、コトとの出会いの「ときめき」がある。コミュニティとはそのようにして形成されていくのではないだとうか。

消費行動にも、以上の人と人とのかかわりの重要性の再認識と同様の変化が見られる。消費者が消費行動を行う源泉は商品に対する「共感」であると私は考える。マンガ「サザエさん」の社会と比べると、現在の社会の消費行動は変化している。「消費対象の変化」と「消費者自体の変化」である。そして、消費者の支持を得るには消費者の共感を得ることが大きい。

それでは、消費者の「共感」が生まれるメカニズムはどのようなものであろうか。それは、「憩い」と「ときめき」により形成されると考える。

「憩い」とはどういう意味であるのか。単純には、「くつろぎ」や「居心地がいい」「落ち着ける」「安心感」などの意味である。自分と同じ感性や趣味嗜好の人と出会うことである。自分が求めているライフスタイルやモノやコト、これに合致した商品に出会ったとき、「共感」し、購入という行動に移るのではないか。これは、人との出会いや交流も同じである。

その背景には、自分の家に帰ったときや生まれ故郷に帰ったときの感覚がある。匂い、湿度、目に映る風景などである。自分の価値観や物差し、判断基準と一致する世界にいるという安心感である。郷愁のような「憩い」を感じる商品に出会った時、その商品を選択し、購入行動をとるのではないか。消費者がはっきりと認識していることもあるが、深層心理に存在する場合もあるであろう。これは人が本能的に自分の生存を脅かすものや事態を排除しているのと似ている。

もう一つは、「ときめき」である。「ときめき」の意味は、「心を弾ませる」とか「喜び」などである。「ときめく」という動詞は、「感情は高ぶって、胸がどきどきする」という意味である。具体的にはどういう状況であるのか。例えば、「あー、こういう商品があるのか」という新たな発見による喜びや嬉しさがある。自分が知らなかった自分の好みに触れることで喜びが湧き上がる。見たことも想像もしなかった新しい商品を知ったときの嬉しさがある。これが「ときめき」である。新しい商品に出会え、

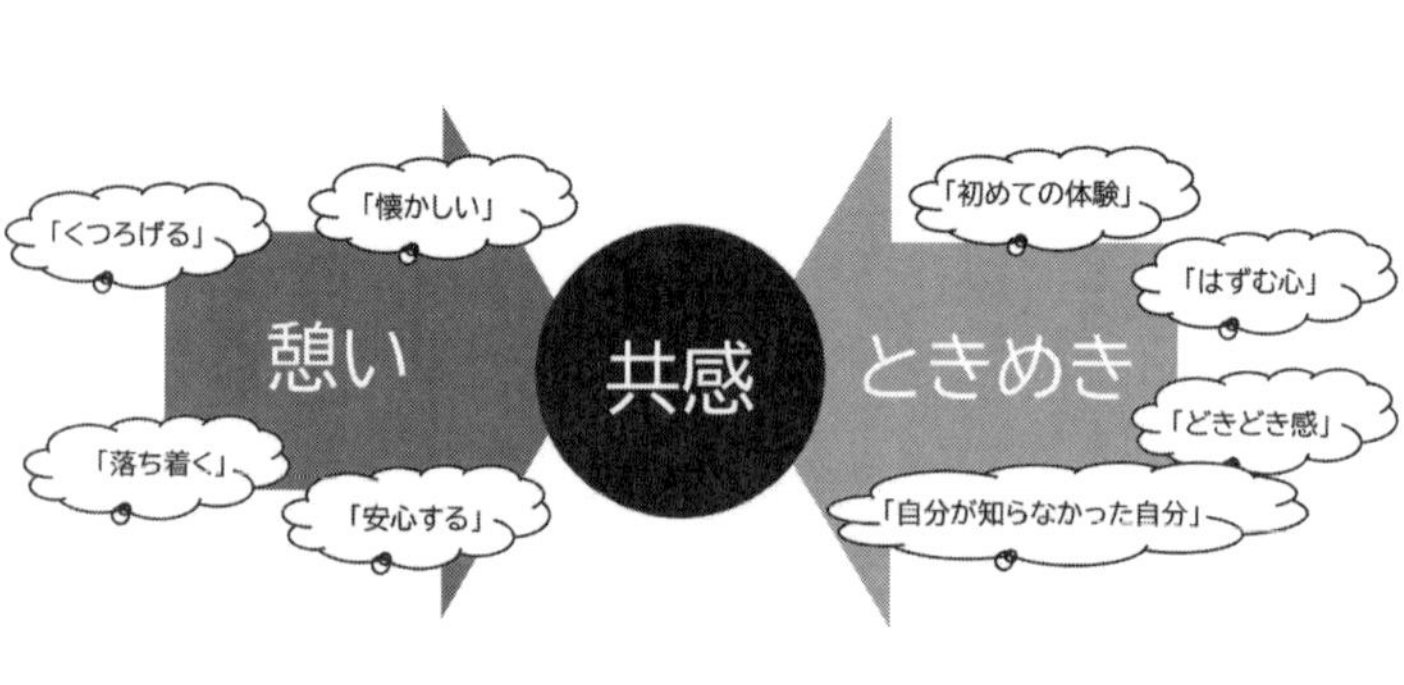


【図2-18】「共感とは」

そこに「ときめき」を感じたとき、私たちは至上の快感を覚えるのである。「共感」は商品に対してだけはない。その商品の提供者・生産者に対しての共感であり、その商品がつくられる過程や思いに対しての「共感」でもある。

消費行動として現れる背後にあるのは何であろうか。前提として、人間は合理的な行動ができない生物であることである。Ｅコマースの伸張・浸透がリアル店舗にとって脅威になっていることは先述したところである。それは人間が「合理的」な行動を行うとの前提の下での話である。しかしながら、消費行動を考察してみるとリアル店舗の存在価値は消えることはない。

人間は自分の利益のためにだけ行動する存在ではない。災害時にはボランティアとして参加する人々も多くいる。このような行動は、消費行動においても行われている。地域の活性化や環境問題に対する意識などを含めて、消費行動は行われている。マズローの欲求ピラミッドではないが、「空腹をしのぐために食料品を買う」や「寒さを耐えるために服を買う」といった行動ではなくなってきている。現在の消費者の意識は非常に高い。自己実現や社会における自分の存在の確認のための行動がある。限られた「時間」と「お金」をそのために費消するのである。

# 第3章

# 商業のこれから

2020年、コロナ禍の中でリアル店舗の閉鎖やアパレルブランドの破綻が報じられた。それはコロナ禍によるものでなく、それ以前からの商業の課題が顕在化したとの私の見解は既に述べた。また、団塊の世代が消費の主役でなくなったことや、少子超高齢化、インターネット社会の到来などの社会の変化が大きな影響を与えていることも既に述べたところである。これらの要因によりオーバーストアの状況やEコマースの伸張・浸透がリアル店舗を厳しい状況下に追い込むことになったのである。

インターネットへの接続のインフラの整備やスマホ社会への移行により、商品を提供・購入する場、購入方法、配送方法などが変わってきている。それに合わせて、商業施設の運営なども変わらざるを得ない。従来のままのリアル店舗の運営では時代に取り残されてしまうであろう。消

アパレル店などに関する報道

**ワークマン、EC宅配全廃へ**

5年以内にEコマースでの宅配を全廃し、リアル店舗での受け取りのみにする。梱包・配送作業などのコスト削減。高額の購入は送料をワークマンが負担。Eコマースの返品率は5%で、リアル店舗での購入の10倍。消費者も送料の不安を嫌う。全国約1,000店の店舗網も強み。

（2022年4月）

**アダストリア、ゼットンを子会社化**

カジュアル衣料大手のアダストリアは「アロハテーブル」などを運営するレストランのゼットンを子会社化。衣料品だけではなく、従来からの外食事業への取組みをさらに強化する。服だけでない、衣食住のライフスタイルの提案を模索。

（2021年12月）

**「無印」衣料、半分が男女兼用に、**

「無印良品」を展開する良品計画は、2022年春から衣料品の半分を男女兼用とする。多様性への配慮を求める消費者の意識の高まりに対応する。LGBTなど多様な消費者に配慮した取組みを国内アパレル各社が動き始めている。

（2021年6月）

**オンワード、1300店でネット商品試着**

オンワードホールディングスは2024年までに1300店のほぼ全店でEコマースと連携。消費者はネット店舗の商品をリアル店舗に取り寄せて、試着・購入できる。リアル店舗のシュールーム機能を高める。Eコマース化率を2030年には5割に。

（2021年2月）

【表3-1】アパレル店に関する報道

百貨店などに関する報道

**「売らない店」ベータ、阪急うめだに常設店**

体験型店舗「b8ta（ベータ）」を運営するベータ・ジャパン（東京・千代田）は、阪急うめだ本店（大阪市）に常設店を開店。

（2022年12月）

**百貨店、D2Cと協働**

百貨店各社は、D2C（ダイレクト・ツー・コンシューマー）ブランドとの協働への動き。高島屋はD2Cブランドのショールーム機能に特化した同社初の「売らない店」を4月に開く。三越伊勢丹HDはD2C支援の事業を本格化。旧来の百貨店ビジネスから生き残りの道筋を探る。

（2022年4月）

**大丸松坂屋「売らない店舗」**

大丸松坂屋百貨店は大手百貨店で初めて、ショールームに特化した売り場を大丸東京店に設ける。コロナ禍で百貨店が苦境にあるなかで、リアルとデジタルを融合で事業の変革に取組む動きが本格化してきた。
「売らない店舗」は丸井グループが先行する取り組み。

（2021年9月）

**セブン＆アイ、そごう・西武百貨店売却**

セブン&アイHDが傘下の百貨店事業会社、そごう・西武を売却する方向で最終調整。GMS、SM、CVSと百貨店の各業態での複合化を目指すも百貨店業態とのグループとしてのシナジーを生み出せなかった。

（2022年2月）

**ホームセンターのカインズ、東急ハンズを買収**

ホームセンター最大手のカインズが東急不動産HDの子会社で雑貨店を展開する東急ハンズを買収。ホームセンター業界は郊外でのオーバーストア状態、市場の将来の縮小などが見られる。都心部を中心に展開する、豊富な品揃えで消費者の支持を集めるた東急ハンズ。消費変化を見据えた小売業界の再編が加速。

（2021年12月）

**「サミット」ネット再参入**

食品スーパー「サミットストア」でネットスーパー事業に再参入か。店舗から商品を出荷する事業モデルで展開。デジタルトランスフォーメーション（DX）を活用したスーパー事業へ。

（2022年1月）

【表3-2】百貨店、GMS、SM、大型量販店に関する報道

費者の変化を注視し、日々あるべき姿を模索し続けなければいけないのである。これまでのあたり前を検証し、将来の姿を模索していかなければならない。

表３－１、表３－２は、新しい商業の形を模索している事例ともいえる。社会が変化していく中で、商業も変化していかなければならない。

# 1 変化する社会

## (1) 世界は密接に繋がっている

私たちの日常生活は、非常に細分化された業務が複雑に絡み合った上に成立している。例えば、身近にあるコンビニエンスストアで手頃な価格で美味しい弁当を買うことができる。その弁当の食材は日本全国や世界各地から運ばれてきたものである。食材はセントラルキッチンで加工・調理され、でき上がった弁当はトラックで各店舗に運ばれている。食材や過程のどれか一つが欠けても私たちは手にすることができないのである。

30年程前に、『神々の指紋』（グラハム・ハンコック著、大地舜訳、翔泳社、１９９６年2月）

という本が出版された。内容は現在の文明の前にかつて高度文明があり、そしてその文明が地球の変動により消え去ったというものである。仮に世界中の30％の人が突然消えてしまったとしたら、私たちは生き残ることができるのか。少なくとも、現在のような生活を維持することができるのだろうか。先ほどのコンビニエンスストアの弁当のように、社会の何か一つのパーツが無くなったとしたら、私たちの生活はどうなるのだろうか。

例えば、パソコンの心臓部には半導体が使われている。半導体の材料となるシリコン単結晶を私は作ることができない。半導体製造工場に勤める人も一から作ることは不可能であろう。もし、半導体チップが無くなったとしたら、飛行機や電車、自動車などの交通機関は今のようには運航できない。スマートフォンも利用できず、ＩＴインフラも崩壊するであろう。電子マネーどころか、銀行で現金を引き出すことも厳しくなる。

世界は複雑に絡み合い、その上に私たちの今の日常は存在する。私たちは自給自足の生活をしているのではない。むしろ、私たちは高度な文明下で生きるための部品となっているのである。しかし、パーツが一つでも欠けると社会全体が崩壊してしまうのである。新型コロナのような人類に危機をもたらす災いが今後襲来しないとは断言できない。

## ⑵　これからの社会

新型コロナを人類はいずれ克服するであろう。ただ、今回のコロナ禍は世界が密接に繋がっていることをあらためて認識させた。加えて、新型コロナだけでなく、ウイルスが人類に対して脅威であることを私たちは認識させられた。これまでＳＡＲＳやＭＥＲＳなどのウイルスもあったが、流行エリアが限定的であったことから大きな脅威とはならなかった。しかし、新型コロナに限らず、ウイルスによる危機がいつ襲来するかわからないというリスクをあらためて認識させられた。

繰り返しになるが、コロナ禍以前から社会は変化していた。ただコロナ禍が社会の変化を顕在化させ、加速させたのは事実である。コロナ禍を時間の軸として捉えると、コロナ禍以降の社会は次の変化が考えられる。

①働き方の変化、個々のライフスタイルの実現
②国レベル、地域レベル、企業・個人でのリスク回避
③価値観の変化
④普遍的価値の創造とフレキシブルな店舗への要請

⑤すべてが2極化
⑥シームレス化、ボーダレス化

## (3) 働き方の変化、それぞれのライフスタイルの実現

2020年の緊急事態宣言下で、多くのオフィスワーカーが在宅ワークを余儀なくされた。しかし、結果として在宅ワークでも仕事ができるという認識が定着した。そして、テレワークのメリットも認識された。ちなみに、「テレワーク」を「ICT（情報通信技術）を利用し、時間や場所を有効に活用できる柔軟な働き方」と総務省は定義している。

在宅ワークに代表されるテレワークによって、「働く場」の多様性が生まれるのは自然な流れであろう。在宅ワークだけでなく、コワーキングスペースやサテライトオフィス、シェアオフィス、そして、従来型のオフィスを働く場とするのである。この色々な選択肢の中から「働く場」が業務の内容などにより選ばれていくこととなる。これは、一つに収れんされるのではなく、並列して存在していくこととなろう。

雇用形態にも変化が現れている。これは企業と個人との関係の再構築となる。日本の多くの企

業の雇用形態は「メンバーシップ型雇用」である。企業がある事業や業務を行う場合、雇用している社員にその業務を担当させるという形態である。しかし、欧米的な「ジョブ型雇用」を模索している企業も現れている。個人の持つ能力により、ある業務のために雇用されるという形である。

結果として、企業とワーカーの関係も変化していくこととなる。これまでの日本では終身雇用制が多く残っていた。しかし、転職も多くみられる社会となり、また、副業が多くの企業において認められるようになった。一生において個人が属する企業が1社ではなくなり、かつ複数の企業に同時に属するなども珍しくなくなるであろう。

以上のような働き方の変化は、人中心の人間関係の形成となっていくこととなる。企業内が中心だったワーカーの人間関係は、ワーカー個人が中心の人間関係の構築となっていく。ワーカーが住む地域に根付いた人間関係などである。趣味などで築かれた人間関係もあろう。終身雇用制のもと働くワーカーの減少とともに、企業以外の者との人間関係が大きくなっていき、同時にワーカーは個々人のライフスタイルの実現・確立が図られていくこととなる。

## (4) 国レベル、地域レベル、企業・個人でのリスク回避

コロナ禍、加えて中国のゼロコロナ政策により、世界のサプライチェーンが機能しなくなった。半導体不足などである。また、ロシアのウクライナへの軍事侵攻により食料や天然ガスなどの資源へのリスクが高まった。地球環境の視点からは水害などの異常気象や地震などの天災も頻発している。私たちは禍の中で生きているのである。

これまで企業は、製造コストを低く抑えるため、原材料をすべて内製化するのではなく、多くの部品を他の企業から調達してきた。その調達先は、国を超えて多くの国の企業から調達している。工場を世界の各地に作り、加えてその工場で調達する部品も様々な国の企業からである。先にも述べたが、たった一つの部品が工場に届かないことから操業停止になってしまう。このリスクの回避のため、内製化や調達先のリスク管理の徹底などが必要になる。これは、結果として製造コストのアップに繋がる。製造業だけでなく、小売業や飲食業などにおいても同様のコストプッシュが現れてくるであろう。

並列に取り上げることではないかも知れないが、クラウドサービスを提供する企業は地震に耐性がある場所にデータセンターを設置している。NHK（日本放送協会）も、大規模災害の発生時でも確実に放送・サービスを提供するために東京放送センターの代替として大阪を拠点化する

取り組みもなされている。企業などでは、事業継続計画（ＢＣＰ）の策定が常識となっている。国や地方公共団体の施策も同様である。地震や水害などの天災への備えだけでなく、現在の豊かな生活を送るための インフラの維持・整備に多くのコストを要している。

安心・安全に対する人々の関心は高く、また、「普通」の生活を過ごすためには不可欠である。この「安心・安全」の確保は、多くのコストを要することと日々の意識の上に成立していることを認識しなければならない。

## (5) 変わる価値観

これまで述べてきた長期的な働き方・ライフスタイルの変化やリスクの回避が社会にどのような変化をもたらすのだろう。考えられることは価値観の変化である。

働き方について、「働く場」の選択肢が増えていると述べた。共働きの子育て世帯は職住近接を選択することが多い。しかし、この共働き世帯の住宅が在宅ワークに適した環境であるのだろうか。夫婦がそれぞれテレワークをできる場を自宅に確保できるだろうか。引き続き、オフィスでの勤務を選択することもあるだろう。併行して、在宅ワーク中心の働き方のために、広い家に転居するという選択肢もある。いずれにしても、テレワークの浸透が住宅の環境への関心を高めることとなる。

従来、住宅地については通勤を前提として立地が選択されてきた。駅から近いことが住宅不動産の価値の大きな評価要素であった。これもオフィスに通勤する前提での価値の評価要素である。しかし、在宅ワークが主流となると、長時間、自宅に滞在することとなる。今以上に陽当たりや通風、自然の豊かさなどが好まれる要素となるかも知れない。また、水害などの近年の自然災害なども当然ながら価値観の変化に影響し、高台などが好まれることも出てくるであろう。


あわせて、オフィスの立地にも変化が出てくるであろう。オフィスの究極の存在理由を社員のコミュニティの場であると先に述べた。

「WeWork」というワーキングスペースがある。シェアオフィスであり、コワーキングスペースでもある。スタートアップ企業やベンチャー企業だけでなく、多くの大企業がコロナ禍以前から利用していた。「効率性の向上」や「人員の増減に対応しやすい」などの理由である。しかし、「WeWork」という働く場が持つ最大の魅力は、コミュニティの形成機能である。

「自社にない技術や知識などを取り入れるため、外部の企業やビジネスオーナーと繋がりたかった」

「旧オフィスは昔ながらの閉鎖的なオフィス空間で、部門間のコミュニケーション不足が課題だった」

というように、企業の旧態依然とした課題の解消や外部との繋がりを求めて「WeWork」を働く場として選択している。多様な考えや感覚を持った人が出会い、語り合うことで新しい発想が生まれる。企業だけでなく自治体やＮＰＯ団体など、多種多様なメンバーが「WeWork」に入居し、部門や企業を超えるだけでなく、異なる業界や業種のコミュニティが形成され、新しい何かを創造しようとしている。

「WeWork」は、一つの働く空間として評価されている。このように多様性溢れる、コミュニケーションの場の存在がオフィスとして評価されるであろう。東京都の渋谷では、「ビットバレー構想」なるものがあり、実際、インターネット関連のベンチャー企業が集っているという。渋谷の地名「渋い＝Bitter」と「谷＝Valley」が「Bit Valley」の由来である。これは、アメリカ・カリフォルニア州のサンフランシスコ・ベイエリアの南部のシリコンバレーから得た呼び名である。ＩＴベンチャー企業がシリコンバレーに集まったように、サイバーエージェント、ディー・エヌ・エー、ＧＭＯインターネット、ミクシィなどのＩＴ関連企業やスタートアップ企業が集まっている。渋谷区は大学との連携なども進めており、コミュニティ形成の環境整備に取り組んでいる。

オフィスの立地場所としては、多様なワーカーが存在し、交流する場が存在するエリアが魅力的であると評価されるようになるのではないだとうか。加えて、道路も車中心ではなく、人が混ざりあう街の形に変化するのでないだろうか。一言でいうとヒューマンスケールの街である。これまでの効率重視で造られた高層ビルの中にあるオフィスではない。

【図3-3】「働く場」の選択肢の増加により価値観の変化

ポストコロナ社会では商業立地の評価にも変化が生じる可能性がある。オフィス用途のみの街における商業は、ワーカー需要の減少によるマーケット・ボリュームの減少が容易に想像できる。これまでは、駅近接地や商業の集積地などが評価されていた。今後は、駅前などの中心市街地と住宅地の「キワ」が注視されることになると思われる。在宅ワークによる住宅地の近隣で過ごす時間の増加によるからである。

東京都・渋谷駅から離れた「奥渋」、東京都文京区から台東区一帯の谷中・根津・千駄木周辺地区の「谷根千」と呼ばれるエリアがコロナ前から注目を浴びていた。また、東京都渋谷区の千駄ヶ谷エリアも注目されていたエリアであった。これらのエリアに共通する点がある。従来の商業地と較べて地価が高くないこと（つまり家賃が比較的低廉であること）と、エリアに多くの住民が存在することである。

個性ある飲食店を展開する株式会社バルニバービには独特の出店の傾向があった。東京圏での出店は、文京区・小石川、隅田川沿いの台東区蔵前、墨田区横綱などへの出店からはじまった。商業集積エリアでなく、住宅地であり、川、公園などの自然溢れる場所への出店を行っていた。

商業集積エリア内に高い家賃を支払って出店するよ

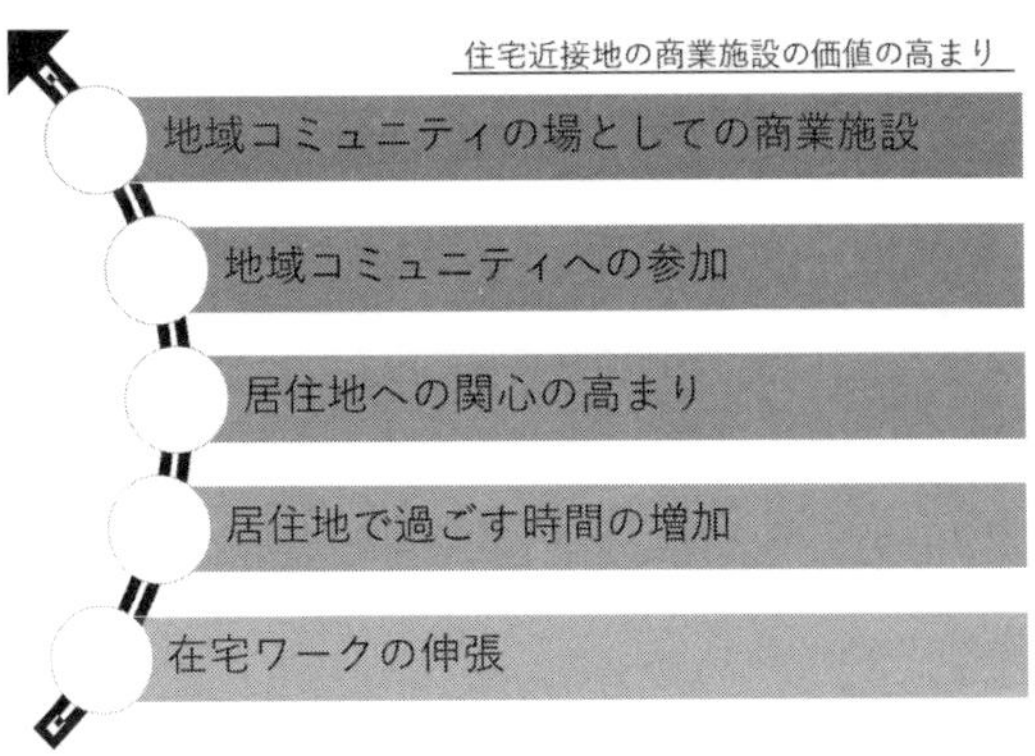


【図3-4】在宅ワークの拡大による求められる商業の立地の変化

りも、出店事業者にとっては独自の店舗の世界観を実現しやすいのであろう。加えて、近隣に多くの居住者も存在する。魅力ある店舗をつくることにより、売上が期待できるのである。特に、資本力の低い企業などには適する立地であろう。逆の言い方をすれば、高い賃料負担となる商業集積エリアへの出店は、大手企業に限られてしまう可能性がある。

在宅ワーク中心の働き方を選択した人は、通勤時間というものが無くなる。また、自宅に滞在する時間が長くなる。当然、居住地への関心が高まることとなってくる。自然や環境問題などに関心を高め、地域コミュニティへの参加も増えていくであろう。趣味やスポーツ、学びをはじめとして、地元での人の交流の機会が増えてくるのではないだろうか。そして自分が住んでいる場所への愛着が生まれ、その地域コミュニティの場として、住宅地に近接するエリアが見直さ、併行して商業立地としての可能性が大きくなると思料する。

つまり、今後は、住宅地エリアにおいて一日中、多くの人が滞在していることとなる。駅前の商店街やオフィスなどの集積エリアの外縁部において、個性ある店舗が多く出店していくようになるのではないだろうか。

## (6) 普遍的価値の創造とフレキシブルな店舗への要請

コロナ禍の２０２０年４月に東京都・立川市に「立川グリーンスプリングス」が開業した。この商業施設はこれまでの商業施設と一線を画する施設である。不動産とは何か、不動産業における商業施設とはどのような存在であるべきなのかという点において、大きな一石を投じた。

不動産ディベロッパーは、新しい不動産をつくり、運営や売却において収益を上げることを目的とする。しかし、この「立川グリーンスプリングス」の開発を手掛けた、立飛ホールディングスからはそのような意図を全く感じない。立飛ホールディングスは、短期的な収益よりも、数十年先を見据えたエリアの価値の創造を意図したとしか考えられないのである。

「商業施設はその時々の社会の反映である」と本書を通じて述べてきた。社会は変化し、またその変化のスピードが早くなっている。加えて、ＤＸ（デジタルトランスフォーメーション）により、これまでの延長線上の考えでは対応できない社会となっている。しかし、不動産には他の製品やサービスと異なる特異性がある。それは、不動産は一度つくられる数十年にわたって存在するものであるという点である。

これからの商業の開発や運営を考えると、二面性が浮かび上がる。

一つは、将来にわたってエリアの価値を高める財産でなければならないということである。

二つ目は、変化する社会に対して、フレキシブルな対応が可能となるものでなければならないということである。

普遍的価値が存在する。水や木々などの自然の豊かさは人に憩いをもたらす。また、建物などの造形美なども人に感動を与え、その価値のある場所を貴重なものと思う。この普遍的価値にもとづき、人は集うこととなる。

ここ数年来、Park-PFIの制度のもと、都市公園に多くの飲食店などがつくられた。あわせて公園の整備も行われた。人々は、都市公園の緑の豊かさや広い空（高い天空率）などに魅了され、そこは憩いの場となっている。東京都・新宿の新宿中央公園は、ひと昔前にはブルーシートで雨露をしのぐ人が多く住み着いていた。また、夜には真っ暗闇で危険を感じた。大人の男性でさえ通り抜けるのがはばかられた。しかし、現在は大きく変化している。カフェがつくられ、芝生も美しく整備された。オープンスペースには、昼間だけでなく、夜間も多くの人が佇んでいる。近隣から多くの住民が散策に訪れる場と変化した。

水辺の整備なども同様である。街に背を向けていた川が現在多くの場で憩いの場と変貌を遂げている。このような公共空間やオープンスペースは、エリアの財産となっているのである。

一方、消費行動の変化やＥコマースの拡大・伸張により、消費者の意識は日々変化している。その反映である商業自体も変化する必要があり、従来のままの展開が難しくなっている。そして、社会の変化に対応した店舗のあり方が求められている。しかし、色々な制度が変化を妨げてもいる。例えば、出店事業者（テナント）との賃貸借契約は賃貸するエリア（区画）を特定する必要がある。さらに一度賃貸借契約を結ぶとその区画を変更することは難しい。従来、ディベロッパーは、リニューアルという手法にて、多くの資金と時間と労力を投入し、時代に即した商業施設への変化を行ってきた。しかし、社会の変化の進み方が日々早くなっている。昭和期や平成初期の10年の社会の変化が、今後は数年で変容するかも知れない。しかしながら、現状、店舗は数年間も同じ区画割りの中で同じ店舗が同じ商売をする。

また、店舗によっては時期（季節や1か月などの短期間）により繁忙期と閑散期がある。不動産という限られた資源を活用するためには、店舗の区割りや期間を柔軟に変化させることが有効であろう。社会が変化し、消費行動が変化を続ける中において、これに対応する商業不動産についてもフレキシブル性の確保は重要であると考える。

## (7) すべてが2極化

消費者が支持する製品・サービスは、消費者の「共感」を得た結果であると先述した。しかし、すべての商品に対して共感を持って購入しているのではない。消費者は限られた予算（お金）と時間の中で生活している。日々の生活のすべてを「共感」を持つ商品だけにすることは不可能である。消費者は、個々の価値観により、特定の商品においてはこだわりを持って購入する。同時に何のこだわりなく商品を購入しながら、日々を送っている。あるいは、ある特別な日だけはこだわりを持つこともある。消費者の消費対象も２極化していくのではないかと考える。二極化とは単に価格が高い商品と安い商品に分かれるという意味ではない。現在の様々な商品は最低限度の性能を有している。低価格の商品や店舗でも、ある程度の満足は得られる。消費者は、特別な日や特定の商品についてはこだわりを持って商品を購入するということである。

これは日本のワーカーの収入も関係しているかも知れない。

一つは、年間給与総額が３００万円以下の給与所得者が４割近くを占めるということである。４００万円以下となると半数以上の給与所得者が該当する。また、１年間を通して給与収入があった者とそうでない者との差もある。さらに、男女の差も少なくはない。地域の差もあり、東京国

給与所得者の給与階層別構成比

| | ～100万円 | 100万円超～200万円 | 200万円超～300万円 | 300万円超～400万円 | 400万円超～500万円 | 500万円超～600万円 | 600万円超～700万円 | 700万円超～800万円 | 800万円超～900万円 | 900万円超～1000万円 | 1000万円超～1500万円 | 1500万円超 |
|---|---|---|---|---|---|---|---|---|---|---|---|---|
| 1990年 | 6.9% | 12.6% | 18.8% | 17.8% | 14.1% | 10.2% | 6.7% | 4.2% | 2.6% | 1.8% | 3.2% | 1.0% |
| 1995年 | 7.5% | 10.3% | 15.7% | 17.6% | 14.6% | 11.0% | 7.1% | 5.0% | 3.4% | 2.2% | 4.3% | 1.2% |
| 2000年 | 6.6% | 11.8% | 15.2% | 17.4% | 14.8% | 10.7% | 7.2% | 5.1% | 3.5% | 2.3% | 4.2% | 1.3% |
| 2005年 | 7.9% | 13.9% | 15.8% | 17.2% | 14.2% | 10.0% | 6.4% | 4.6% | 3.0% | 2.1% | 3.6% | 1.3% |
| 2010年 | 7.9% | 15.0% | 17.6% | 18.1% | 14.3% | 9.4% | 5.7% | 3.9% | 2.5% | 1.6% | 2.8% | 1.0% |
| 2015年 | 8.6% | 15.0% | 16.3% | 17.5% | 14.1% | 9.7% | 5.9% | 4.1% | 2.7% | 1.8% | 3.2% | 1.2% |
| 2020年 | 8.4% | 13.8% | 15.5% | 17.4% | 14.6% | 10.2% | 6.5% | 4.4% | 2.8% | 1.8% | 3.3% | 1.2% |

1年を通じて勤務した給与所得者の給与階層別構成比（2021年(令和3年)）

| | ～100万円 | 100万円超～200万円 | 200万円超～300万円 | 300万円超～400万円 | 400万円超～500万円 | 500万円超～600万円 | 600万円超～700万円 | 700万円超～800万円 | 800万円超～900万円 | 900万円超～1000万円 | 1000万円超～1500万円 | 1500万円超 |
|---|---|---|---|---|---|---|---|---|---|---|---|---|
| 男性 | 3.5% | 6.7% | 10.5% | 16.9% | 17.5% | 13.8% | 9.4% | 6.8% | 4.4% | 3.0% | 5.4% | 2.2% |
| 女性 | 14.3% | 22.5% | 20.9% | 18.0% | 11.4% | 5.9% | 3.0% | 1.7% | 0.8% | 0.4% | 0.8% | 0.3% |
| 計 | 8.1% | 13.3% | 14.8% | 17.4% | 15.0% | 10.5% | 6.7% | 4.6% | 2.9% | 1.9% | 3.5% | 1.4% |

東京国税局管内 ： 1年を通じて勤務した給与所得者の給与階層別構成比（2021年(令和3年)）

| | ～100万円 | 100万円超～200万円 | 200万円超～300万円 | 300万円超～400万円 | 400万円超～500万円 | 500万円超～600万円 | 600万円超～700万円 | 700万円超～800万円 | 800万円超～900万円 | 900万円超～1000万円 | 1000万円超～1500万円 | 1500万円超 |
|---|---|---|---|---|---|---|---|---|---|---|---|---|
| 計 | 7.5% | 10.3% | 11.7% | 14.6% | 14.3% | 11.8% | 8.4% | 6.4% | 4.2% | 2.9% | 5.9% | 2.1% |

国税庁「民間給与実態統計調査結果」のデータより作成

【表3-5】年間給与階層別の民間給与所得者数の比率の推移（国税庁「民間給与実態統計調査結果」のデータより作成）

税局管内においては900万円超の給与階層の者が10％を超える。

なお、2021年（令和3年）の国税庁の調査結果によると1年を通じて勤務した給与所得者の平均給与は443万円であり、これを男女別にみると、男性545万円、女性302万円となる。また、東京国税局管内の給与所得者の平均年収は、男性626・6万円、女性343・5万円で平均515・1万円となっている。（出典：国税庁「令和3年分民間給与実態統計調査」）

表3－5の給与階層別の比率を見て、どのように感じられるであろうか。私には、給与の格差や地域による差が二極化の要因の一つに見える。

## (8) シームレス化、ボーダレス化

百貨店やGMSなどの業態の違いを利用者は意識しているだろうか。ショッピングモールには、百貨店やGMS、スーパーマーケット、大型の専門店などが出店している。利用者の多くは業態の違いなど意識していないのである。ショッピングセンターを運営する不動産ディベロッパーは、出店事業者と賃貸借契約を結び、特定の区域を賃貸することとなる。しかし、利用者はどこが出店事業者の区画なのか、その境界はどこなのかを意識しない。

用途についても同様である。カフェで仕事をすればカフェはオフィスとなる。図書館で仕事をすれば図書館がオフィスとなる。ホテルに長く滞在すれば、ホテルは住宅となる。居酒屋で夕食をとれば、居酒屋は食堂となる。ファミリーレストランでお酒を飲めば、そこは居酒屋となる。このように使い手が行う行為によってその場所の意味が変化するのである。また、ある場所の使い方が人によって異なると、それぞれの人でその場所の意味が変わってくる。つまり、利用者の使い方によって、場が意味を持つだけなのである。

従来、物販店舗とか飲食店舗やサービス店舗という分類をしてきた。しかし、そのような分類で整理できなくなってきている。消費者の変化からこれまでの分類が意味を成さなくなっていくのである。ディベロッパーは、これまでとは異なる店舗が発生してくることを前提とすべきである。

商業だけに限らず、オフィスや住宅の分類も微妙になってくるだろう。コロナ禍において在宅ワークが急速に浸透した。住宅とオフィスが一体となったソーホーだけではない。これまでの市街地再開発事業などにおいて、オフィス棟、住宅棟、商業棟などの分類をして開発してきたが、これもいつまで続くかわからない。つまり、ボーダレスな社会、シームレスな社会になってきている。

## 2　これからの商業

これまで、社会の変化とそれに対応しての商業の盛衰を見てきた。それでは、商業のこれからはどうなるのであろう。どのような商業施設を志向していったらいいのであろうか。

一つ言っておきたいことがある。それは、商店街や百貨店やＧＭＳ（総合スーパー）などの業態が商業の中心の地位ではなくなったとしても、消え去ることはないということである。古くからある商店街が現在でも活況を呈しているところもある。

しかし、今後の商業施設を考える上で、現在、私たちが当然と考えていることが時代遅れの発想となってしまう可能性が十分ある。同様に、ショッピングセンターや商業不動産の事業スキームが今後とも有効に存続するか疑問である。商業施設は、その時々の社会に合致した「新しい商業施設」に変わっていく必要があるということである。

## (1) 店舗はプロモーションの場

Ｅコマースに対してのリアル店舗の弱みはコストである。新規に店舗出店するとなると、内装工事費、什器・備品の調達など多くの資金が必要となる。加えて、敷金・保証金や仲介料などもある。飲食店においては、厨房設備が必要となり初期投資はさらに大きくなる。さらにランニング費用も大きい。店舗のスタッフの人件費や家賃、水光熱費などである。店舗への商品の搬送費なども必要となる。

それに比べＥコマースは、これらの費用は発生しない。つまり、同じ商品を仮に同じ価格で販売したとしても、自社のオンラインショップと比較するとリアル店舗では売上に対して30％〜40％の経費が余分にかかることとなる。それでは、Ｅコマース社会ではリアル店舗は消え去るのであろうか。それは決してない。繰り返しになるが、消費行動において、人間は合理的な行動ができないものだからである。何か面白い店や商品はないかと出会いを求めて街をさまよい歩くのである。

扱っている商品が経験財ならばなおさらであるが、探索材であってもリアル店舗の存在価値は大きい。実際に手にして、重さや感触などを感じたいのである。いわんや、「こだわり」の商品はリアル店舗無しでは購入はできない。自分が「こだわり」を持っている商品について実物を見ずにＥコマースで購入するであろうか。Ｅコマースでの購入を前提としてもリアル店舗での商品との接点が必要なのである。

もう一つの視点として、消費者が購入という行為に至るまでにまず商品を認識する必要がある。ＳＮＳなどにより認識することも多々あるであろう。しかし、認識から興味・関心、欲求という段階を経る過程において、リアル店舗の役割は大きい。Ｅコマースでの販売のために、リアル店舗で商品を体験してもらうのである。

実際、DtoC企業のネットショップがリアル店舗を出店する事例は少なくない。また、百貨店などでは「売らない店舗」が話題となっている。２０２０年に出店した「b8ta（ベータ）」などは特筆すべき取り組みである。

「b8ta」は、小売店舗ではない。色々な企業の商品を展示しているだけなのである。「こんな商品があったら便利だな」などとこれまでにない商品が多く並んでいる。DtoC企業などがb8taの店舗に商品を出展しているのである。b8taのスタッフが商品の説明をしてくれる。b8taという店はお客様に新しい商品と出会う場を提供し、体験させてくれる場なのである。加えて、b8ta は商品の出展企業に対して来店者の行動などのデータを提供している。

DtoC企業の商品を消費者が目にする機会は多くはない。多額の広告宣伝費をかけて周知するのも難しい。また、既に世の中にある商品ならネットで検索してDtoC企業の商品を知ることもできるであろう。しかし、誰も想像もしない商品をDtoC企業が生み出していると、消費者はその商品を知るすべがない。「b8ta」という店舗はまさしくプロモーションの場という店舗を具現化したものである。

二つの目の視点としては、ポップアップ店舗である。催事店舗と言った方が理解しやすいかも知れない。百貨店やショッピングモールなどにおいては、数日間などの一定期間、事業者に催事スペースを貸していた。あるいは、出店事業者が退店し、後継のテナントが見つからない空き区画の利用として、やむを得ずポップアップ店舗としていた。

このポップアップ店舗は、出店事業者にも建物の所有者にもメリットがある。ポップアップ店舗の出店事業者は、内装工事費などの投資が少なく、商品を消費者に知ってもらう場としての活用ができる。一方、建物所有者側としては、一定期間で出店者が変わっていくことによる、商業施設としての鮮度が高まる。さらに、結果的に月単位などの一定期間の出店料収入が、通常のテナントからの賃料収入を上回ることもある。

このプロモーションの場としての店舗は、DtoC企業や中小企業だけの話ではない。名の知れた企業やブランドであってもリアル店舗でのプロモーションの意味は大きい。

例えば、ある商品の周知をインターネット上で行うとしよう。その際に利用されるのが、インプレッション数というデータである。ウェブサイトにおいてその広告画像などが表示された回数であり、訪問者（ユーザー）の目に入った数値である。また、クリック数というデータもある。これは、ユーザーがその広告画像などをクリックし、広告のサイトに訪れた数である。ウェブサイトにおいては、広告画像をいかにして多くの者の目に触れてもらい、クリックしてもらい、商品の広告サイトに訪問者を導くことが課題となる。そのためには、YouTubeやInstagramなどのSNSなどにおいて、スポンサーとして広告を行う。それは安くはない経費を要する。さらにいうと、実際にクリックして商品の広告サイトに訪問してくれた人がどれだけ興味関心を持ってくれるであろうか。

リアル店舗の場合はどうだろう。来店者が商品を実際に目にすることがインプレッション数に相当するかも知れない。さらに、商品を実際に手にした回数をクリック数と置き換えることもできるかも知れない。リアル店舗の出店の経費やスタッフの人件費をWeb広告と同じにとらえることもできるのである。

先に広告費全体に占めるインターネット広告費の割合を示している。日本全体の広告費の約40%がインターネット広告費となっている。インターネット上での広告費も小さくない金額である。加えて言えば、インターネット上でのインプレッション数と、リアル店舗で消費者が商品を目にする「インプレッション数」は同じ価値ではないはずである。同じく、Ｗｅｂサイト上のクリック数とリアル店舗で商品を手にする「クリック数」も同じ効果ではないということは想像に難くない。プロモーションとしてのリアル店舗の存在の価値は大きいのである。

「amazon（アマゾン）」、「楽天市場」、「ZOZOTOWN」などのインターネット・ショッピングモール事業者を通じての販売にも大きな経費を要する。「ZOZOTOWN」のサイトを利用する場合、売上額の30%程度の手数料をＺＯＺＯに支払うことになる（２０２２年3月期の株式会社ＺＯＺＯの有価証券報告書に記載の商品取扱高５０８，８７６百万円に対する売上高１６６，１９９百万円からの類推）。一方、「amazon」の場合、購入者にはアマゾンが販売する形となり、生産者はアマゾンに商品を卸売りしていることとなる。しかし、amazon のサイトで商品を売るには訪問者に商品の存在を知ってもらう必要がある。そのため、スポンサーとして商品の広告を入れることが多くある。この費用も小さくはない。結論をいうとインターネット・ショッピングモールでの販売も少なくない経費を要するということである。

単純に考えると、リアル店舗とＥコマースでの商品の販売では、Ｅコマースの方が相対的には経費は小さい。しかし、プロモーションも含めて考えるとリアル店舗の存在価値は小さくはないということである。つまり、プロモーションの場としてのリアル店舗の価値は大きいのである。

## (2) リアル店舗とEコマースの融合

小売事業者は当初、「ショールーミング」という言葉を否定的に捉えていた。それは、店舗で商品を見てから価格の安いＥコマースで購入する行為をマイナスのイメージとしていたためである。これは、リアル店舗単独で利益を得ることを前提としていたからである。しかし、Ｅコマースだけでは商品の魅力を伝えることができない可能性もある。Ｅコマースでの販売を増やすためにも、リアル店舗で積極的にショールーミングを取り入れていくことも有効であろう。

最近は、スーパーマーケットやＧＭＳがネットスーパーに積極的に取り組んでいる。Ｅコマースが得意とする対象商品として、生鮮食料品は該当しないと先に述べた。それではなぜスーパーマーケットやＧＭＳはネットスーパーに積極的に取り組んでいるのだろうか。

第一の理由としては、新しい顧客の取り込みであろう。これまで自店に来店していなかった顧客を新規に取り込もうというのである。イオンはネットスーパーとあわせて、ネットで予約した商品を取りに来てもらうという手法をはじめている。これは時間的余裕の無い顧客に対しての利便性の向上になり、時には来店時に「ついで買い」が生まれる可能性もある。

第二の理由としては、競合他社への対抗上の取り組みもあろう。競合他社がネットスーパーを積極的に取り入れる中において、遅れを取ると、出店地の競合店にシェアを奪われることが危惧される。

第三の理由は、顧客へのサービスの提供の面もある。水やお米のように重くかさばる商品について、宅配サービスは消費者にとっては利便性が高い。これもスーパーマーケット事業者の自社の魅力の向上のための一つの要素となろう。

最後の理由は、ネットスーパーの配送拠点がその配送エリアの店舗となるという点である。店舗としては、ネットスーパーでの売上が追加的に増加することとなる。これは店舗の売上の向上にはプラスと働くだろう。しかしながら、生鮮食料品の粗利益が低い中においての宅配という新たなコストがどれだけ回収されるかは懸念されるところである。

同じように飲食店においても宅配を行っている。一部の飲食店は自社での宅配の手段を持つ場合もあるが、「Uber Eats（ウーバーイーツ）」などの他社のサービスを利用して宅配サービスを行っているところもある。Uber Eatsは、売上の35％程度を控除して飲食店に代金を支払っている。飲食店にとって売上の35％というのは大きな額ではある。しかしながら、これも宅配を行わない場合と比べて売上の増加に繋がるとすれば、店舗として取り組む意味は大きい。飲食店において、売上の60～70％前後が食材と人件費である。もちろん、宅配時と店舗での価格に差を設けているので一概には言えない。宅配による売上単価が人件費と食材のコストを上回るとすると、Uber Eatsなどを介しての販売はメリットがある。宅配サービスの実施による売上の増加は飲食店においてもプラスの効果をもたらす。

Uber Eatsなどの料理の宅配事業者のサービスの広がりとともに、ゴーストキッチンも多く出現している。私が目にしたゴーストキッチンは、あたかもある料理の専門店であるかのような店舗名をＷｅｂ上で複数名乗り、料理の提供を行っていた。ただ、このような提供をする一部のゴーストキッチンは淘汰されていくことになるのでないか。リアル店舗として存在する飲食店からの宅配が、やはり消費者にとっては魅力が大きいと思われる。（なお、Uber Eatsの事業スキーム、利用者の状況、飲食店の利益構造については、拙著、『リアル店舗 生き残りの「答え」 コロナ・Eコマース時代の商業のあり方』（幻冬舎、２０２０年12月）に詳細を記載している。）

これらの取り組みは、オムニチャネルと呼ばれるマーケティング戦略の一つの手法でもある。リアル店舗という経営資源から多くの収益をあげるためにネットを活用する。また、「Ｏ２Ｏ（Online to Offline）マーケティング」と呼ばれる施策もある。ＳＮＳやインターネットサイトで情報発信を行い、リアル店舗に消費者を呼び込むのである。これにおいても、リアル店舗の存在の意味は大きい。そもそもリアル店舗の魅力がなければオムニチャネルもＯ２Ｏも成立しない。リアル店舗は、それだけで完結した消費者への販売チャネルである。Ｗｅｂからの集客やＥコマースでの追加の売上を得るためには、まずリアル店舗の存在と魅力が前提となるのである。

## (3) こだわりの店舗

現在の消費行動を理解するうえで、「消費の対象の変化」と「消費者自体の変化」が起きていると先述した。また、消費者が商品（製品・サービス）を購入する動機は「共感」であり、「共感」は「憩い」と「ときめき」で形成されるとも述べた。

私は、現在の消費行動を「ＫＯＴ《ケイオーティ》消費行動」と名付けている。まず、「ＫＯＴ消費行動」という結論に至ったかを説明したい。

ＫＯＴとは、「こだわり」「おまかせ」「たまたま」をローマ字書きした時の頭文字から名付けたものである。これを、「自律的・主体的な消費行動」「他律的な消費行動」そして「偶然性を期待する消費行動」と置き換えることもできるが、私は、ＫＯＴと整理する方が落ち着きがいい。

消費者は、自分のライフスタイルの実現のために「こだわり」をもって商品を手に入れたいと思う。しかし、すべての消費を「こだわり」を持って行うには、時間や商品に対する知識などから制約がある。しかし、「こだわり」のある商品に出会うと消費者は高い顧客価値を感じる。

家には製品が溢れている。しかし、「共感」する商品があれば、消費者は購入するのである。「共感」は消費行動の判断基準の底辺にある。限られたお金と時間の中で、ある商品には「こだわり」を持った消費行動を行うのである。また、ある商品には「おまかせ」し、そして、「たまたま」の出会いを期待するのである。結果、「憩い」と「ときめき」から形成される「共感」する商品を手に入れる消費行動が現在の消費者行動であると考える。

「差別化」という言葉をよく耳にする。それは他では手にできない独自の製品やサービスである。しかし、他社が類似する商品を提供してしまうと、価格競争に晒されることとなる。本来の差別化とは他社が同等の価値を提供できない商品でなくてはいけない。消費者にとって「こだわり」

のある商品は、高い顧客価値を獲得できる。「おまかせ」や「たまたま」による消費行動であったとしても、「こだわり」の店や商品に出会うことから高い顧客価値を勝ち取ることができる。

一つ、「こだわり」の店舗の事例を紹介したい。テレビ東京の『ガイアの夜明け』にて数年前に放映された、食物アレルギーを持つ方々も利用できるレストランである。このレストランは、お客様にあわせてメニューを作り、美味しい料理を提供するのである。番組の中では、卵アレルギーを持つ子供への料理の提供であった。家族全員が同じ料理を食べることができ、幸せに涙する母親の姿だった。このレストランオーナーは食材に細心の注意を払い、料理を試作していた。このレストランは、食物アレルギーや持病で食事制限を受けている人々にとってはかけがえのない店舗なのである。このレストランは「こだわり」の店舗の究極である。

もう一つの事例として東京都新宿区の「新宿ゴールデン街」を挙げたい。新宿ゴールデン街が醸し出す雰囲気がある。それだけでなく、オーナーやスタッフのそれぞれの思いがある。日常社会でのストレスをゴールデン街で癒しているサラリーマンも沢山いる。20歳代・30歳代の若年層はノスタルジックな雰囲気や見知らぬ人との交流に魅力を感じているのかも知れない。コロナ前は多くの訪日外国人が観光地として訪れていた。

街の魅力にはその街の持つ一体性がある。個々の建物の「形状」や「素材」や「色彩」による一体感である。京都の町屋は木材の傾斜屋根で茶系の色合いといった景観が連想される。また、ギリシャと言えば、白い石造りの四角い形状のイメージが頭に浮かぶ。これらは、街の魅力づくりには重要な要素である。しかし、それだけでは「こだわり」の店とは違うのである。

新宿ゴールデン街のオーナーの中には、最初は客とし訪れていて、その後、このような街で自分も店を持ちたいとはじめた人もいる。中には前のオーナーから店を引き継いだという人もいる。クラフト・ジンにこだわった店、読書好きな人が集まる店など、思いがそれぞれある。結果として、「新宿ゴールデン街」という「こだわり」の店の集合体となっている。

消費者の共感を得た「こだわり」の店や商品が、高い顧客価値を獲得し、加えて、価格競争に晒される

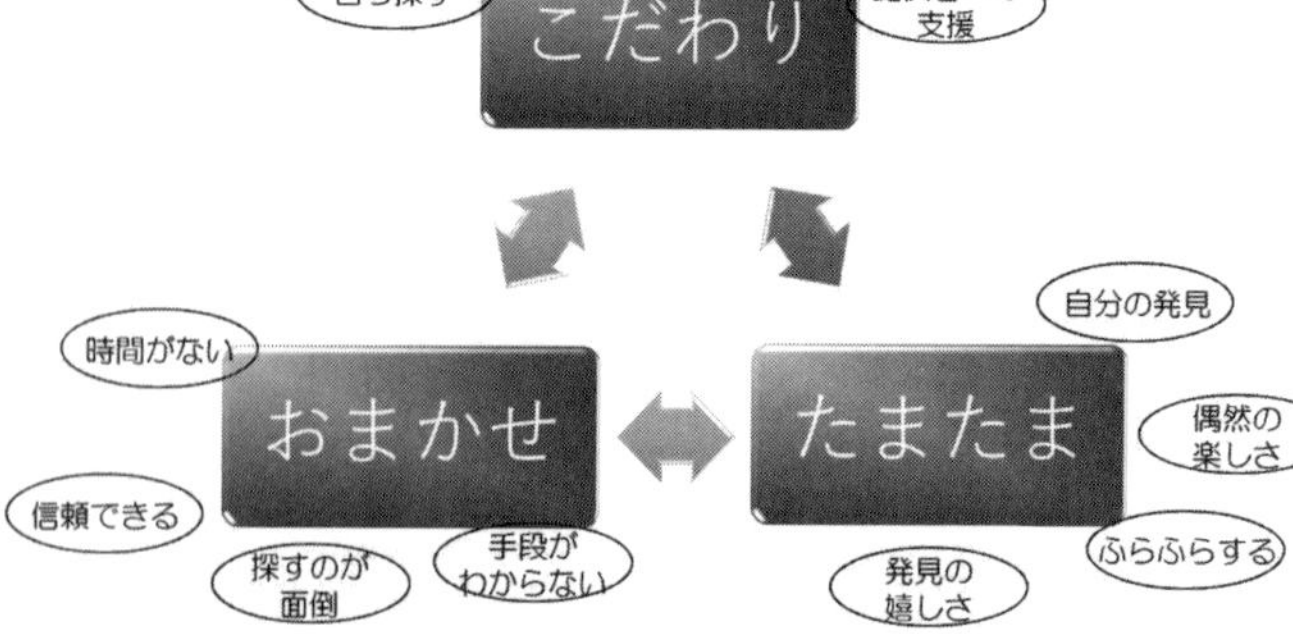


【図3-6】KOT消費行動

こともなく、固定客を確保することができるのである。

## (4)ショッピングセンターの今後は？

自然発生店舗の集合体である商店街と異なり、ショッピングセンターは、計画的にマネジメントされてつくられている。どのような市場（マーケット）に対して、どのような対象をターゲットとするのか、そしてどのようなポジショニングに位置するかを目論み、開発、運営されている。つまり、個店、個店の魅力の総和ではなく、ショッピングセンターとしての魅力を顧客に訴えている施設である。結果、ショッピングセンターは顧客に対して「選択の多様性、利便性、快適性、娯楽性等を提供する」ことができるのである。

このショッピングセンターを開発、運営しているのがディベロッパーとなる。ディベロッパーは、テナントから賃料を受取り、開発費及び運営経費を回収し、利潤を得ている。しかしながら、現在、リアル店舗の集合体であるショッピングセンターはEコマースの影響に晒されている。シヨッピングセンターは多くの人で溢れている。また、飲食店も多くのお客様で繁盛しているように見える。が、買い物袋をさげているお客様が意外と少ない。現在、店舗は売上から仕入れ原価や運営費を引いた残りから賃料を支払う構造となっている。しかし、この事業スキームが今後とも継続できるのであろうか。

従来のショッピングセンターの開発手法や運営方法を否定するのではない。ショッピングセンターの魅力は多く存在する。一つは、商品について多岐にわたる選択が可能であり、多様な商品をワンストップで提供し、ニーズを満たす場として機能している。これは利用者に大きな利便性がもたらされ、引続き支持されるであろう。次に、交流の場があることから広い世代のコミュニティの形成の場としての機能もある。さらに、災害時の拠点としての機能も有している。帰宅困難者や周辺住民の避難・滞留場所として活かすことができる場である。別な視点からは地域経済への寄与である。雇用の創出、地域の地産・地消の面おいて地域経済に大きく寄与することになる。以上の点からショッピングセンターの魅力は引続き存在し、今後も多くの人の支持を得ていくことであろう。

しかしながら、これまでのショッピングセンターはモノやサービスを提供する場という点が中心であった。事業スキームは、テナント（店舗）の売上を源泉とした賃料収入を得ることにより成立していた。事業スキームの基礎となるテナント（店舗）の売上げが確保できない難しい状況になってきている。このような状況下では、ディベロッパーの事業スキーム自体が危ういものとなっていると考える。

「売らない店舗」などの模索がはじまっている。出店事業者が、店舗を「商品を売る場」としてではなく、「商品のプロモーションの場」と位置づけるとすると、ディベロッパーの役割も事業スキームも変わることとなる。ディベロッパーは、ショッピングセンターの標的市場の人をどれだけ集めるかということが大きな意味を持つこととなる。

繰り返しとなるが、ショッピングセンターの魅力は大きく、今後も顧客から支持されていくことであろう。ショッピングセンターは、余暇の過ごし場であり、コミュニティ形成の場であり、また、医療・福祉としての場であり、多くの役割の場として機能していくことであろう。しかし、ディベロッパーとしての利益をどのように確保していくかが今後の課題と言えよう。

## (5) イオンとセブン&アイＨＤは違う方向へ

日本の商業におけるリーディングカンパニーとして、イオンとセブン＆アイ・ホールディングスがある。この２社は今後別な方向に進んでいくと思われる。それは、２社の営業収益（売上）と営業利益を並べると、そう思ってしまう。イオンは引き続きＧＭＳやスーパーマーケットを展

**イオン**

**営業収益(売上)**

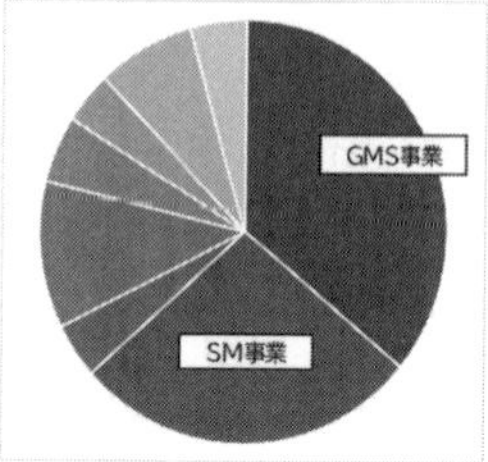


| | (億円) | |
|---|---|---|
| GMS事業 | 33,005 | 35.9% |
| SM事業 | 25,207 | 27.4% |
| DS事業 | 3,881 | 4.2% |
| ヘルス＆ウエルネス事業 | 10,310 | 11.2% |
| 総合金融事業 | 4,725 | 5.1% |
| デベロッパー事業 | 3,667 | 4.0% |
| サービス・専門店事業 | 7,034 | 7.7% |
| 国際事業 | 4,122 | 4.5% |
| 合計 | 91,952 | 100.0% |
| その他、調整額 | ▲4,793 | — |
| 営業収益計 | 87,160 | — |

**営業利益**

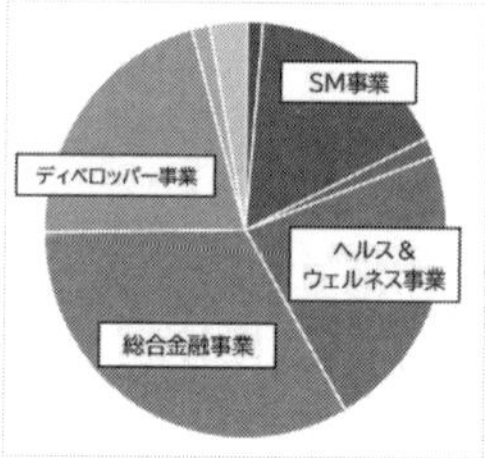


| | (億円) | |
|---|---|---|
| GMS事業 | ▲23 | -1.3% |
| SM事業 | 305 | 17.3% |
| DS事業 | 28 | 1.6% |
| ヘルス＆ウエルネス事業 | 419 | 23.8% |
| 総合金融事業 | 618 | 35.0% |
| デベロッパー事業 | 389 | 22.0% |
| サービス・専門店事業 | ▲27 | -1.5% |
| 国際事業 | 56 | 3.2% |
| 合計 | 1,764 | 100.0% |
| その他、調整額 | ▲21 | — |
| 営業利益計 | 1,743 | — |

2022年2月期のイオン株式会社の有価証券報告書のデータより作成

**セブン＆アイ**

**営業収益(売上)**

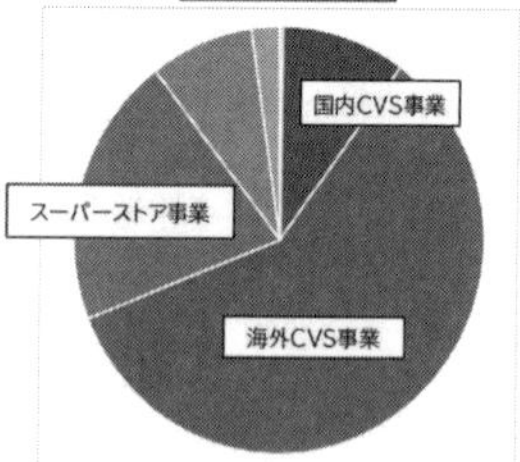


| | (億円) | |
|---|---|---|
| 国内CVS事業 | 8,732 | 9.9% |
| 海外CVS事業 | 51,943 | 59.0% |
| スーパーストア事業 | 18,107 | 20.6% |
| 百貨店・専門店事業 | 7,123 | 8.1% |
| 金融関連事業 | 1,944 | 2.2% |
| その他の事業 | 203 | 0.2% |
| 合計 | 88,053 | 100.0% |
| 調整額 | ▲556 | — |
| 営業収益計 | 87,497 | — |

**営業利益**

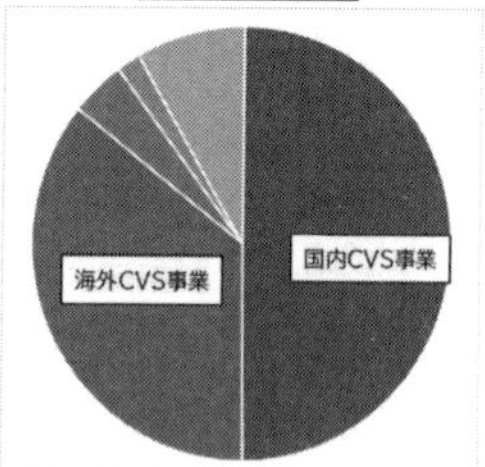


| | (億円) | |
|---|---|---|
| 国内CVS事業 | 2,234 | 51.8% |
| 海外CVS事業 | 1,599 | 37.1% |
| スーパーストア事業 | 188 | 4.4% |
| 百貨店・専門店事業 | ▲82 | -1.9% |
| 金融関連事業 | 375 | 8.7% |
| その他の事業 | ▲1 | 0.0% |
| 合計 | 4,313 | 100.0% |
| 調整額 | ▲437 | — |
| 営業収益計 | 3,877 | — |

2022年2月期のセブン＆アイHD株式会社の有価証券報告書のデータより作成

【図3-7】イオンとセブン＆アイHDの営業収益と営業利益の比較

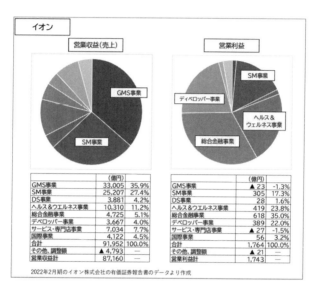

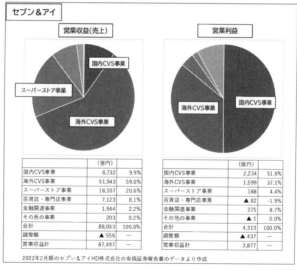

開し続けることとなり、セブン＆アイ・ホールディングスはコンビニエンス事業に特化していくのではないかということである。

イオンは、テナントからの賃料収入を基とするディベロッパー事業とクレジットカードの利用により収益を得る金融事業とが利益の多くを占めている。この事業を成立させるには、自社店舗とテナントからなる、リアル店舗の存在が不可欠である。ＧＭＳだけでなく、様々な店舗を魅力あるものにする取り組みを継続するであろう。一方、セブン＆アイ・ホールディングスでは、コンビニエンスストア事業が利益の大半を占めており、金融事業も国内２万店舗を超えるコンビニエンスストアのＡＴＭ網を基にしている。将来、ＧＭＳ事業からの撤退の可能性もある。

## 3 商業施設は街の一部

商業施設には限界がある。それは、商業施設は街を構成する一部であるからである。「ららぽーと」のようなリージョナルショッピングセンターは、あたかも一つの街のように存在し、その魅力で集客力を有する。しかし、商店街や駅ビルやスーパーマーケット、あるいは個々の店舗などの多くの商業施設にとって、その立地する街の魅力が、集客の大きな要素となる。

街の魅力を高める取り組みとしてエリアマネジメントがある。エリアを活性化しようという取り組みである。行政は公平性の観点から特定のエリアへの特別処遇をできない。とは言え、個別不動産の権利者単独での取り組みでは限界がある。そこで、あるまとまりのエリアの不動産の所有者などが主体となり、また、一体となり、エリアの魅力を高める取り組みが行われている。街の魅力が高まり、活性化により、最終的には不動産価値の向上につながるのである。

これは、新しい街づくりにおいても考慮されている。「街をつくる」ことだけでなく、将来的に「街を育てる」視点が重要視さている。

## (1) 都心の吸引力

そもそもどのようにして街に多くの人が集まるのであろうか。ここで、街の中でも広い地域からの来街によって形成される都心について東京・新宿という街を例に考察したい。

新宿のうち、西新宿エリアは１９７０年代に「副都心」として開発された街である。淀橋浄水場の跡地が計画的に開発されていった。東京駅エリア（大手町、丸の内、有楽町）に対して「副都心」として整備されたのである。１９９１年（平成3年）、東京都庁の移転で概ねの完成をみた。西新宿の新都心エリアは、１・５ｈａほどの整形の敷地区画で30ｍほどの幅員の道路が縦横し、40階を超えるオフィスやホテルなどの高層ビルが林立している。当時の社会が抱える課題に対しての新しい都心のあり方を模索したのだろう。そして、現在は20万人のワーカーや総計７，０００室程にもなるホテル群でコロナ前は大きなにぎわいがあった。

新宿駅は「１日あたり３４０万人の世界最大の乗降客を有する駅」であるといわれる。しかし、この３４０万人は好きで電車に乗っているわけではない。オフィスに行く、買い物に行く、映画を観に行くなどの目的があるから新宿に行くのである。その何かの目的が無くなれば多くの人が新宿という街に来ることは無くなる。先述した、西新宿のオフィス街の例でいうと、テレワークの定着により新宿という街の潜在需要はワーカーの30％のニーズが消失するのである。

## (2)「新都心」と郊外のニュータウンの役割分担

東京圏では、平成期に「新都心」と呼ばれる新しい街が多くつくられた。それまで工場や鉄道の操車場だった土地に、あるいは埋め立てによりできた土地に造られていった。横浜みなとみらい、さいたま新都心、幕張新都心などである。品川、大崎などでも大きな開発がおこなわれてきた。

一方、郊外には昭和期からニュータウンが開発されていた。多摩ニュータウン、つくばニュータウン、千葉ニュータウン、神奈川県・港北ニュータウンが大規模な開発である。これ以外にも、東京都内に限らず、神奈川県、埼玉県、千葉県などの首都圏には土地区画整理事業により多くの新しい街がつくられた。これらの郊外のニュータウンから東京や新宿、池袋、渋谷といった都心に多くのワーカーが通勤するのである。

平成期までは、この都心とニュータウンは、「働く場」と「住む場」という街の役割が分担されていたと言ってよいであろう。この役割の分担によって、お互いに存在意義を持ち、機能していた。

しかし、ＩＴ社会となった現在、都心とニュータウンは「働く場」と「住む場」という中心機能のままでいられるのであろうか。オフィス立地として望まれるのはコミュニケーションの場としての機能が重要なことであることは先述したとおりである。ニュータウンも少子超高齢化の時代、「住む場」としてだけの街では廃れていくのではないだろうか。

## (3) 求められる街とは

新都心やニュータウンだけではない。従来からの住宅地や駅前などの商業や住宅が混在したエリアにも新しい街が誕生した。低層の住宅密集地や木造住宅密集地などが再開発されてきた。公園や道路などの整備と災害への耐性を強めることには意義がある。

都心においても、ニュータウンにおいても、また、以前からの住宅街であった新しい街においても、商業施設は街に必要不可欠な場である。生活のインフラストラクチャーとしての意味ももちろん大きい。しかしながら、憩いの場であり、交流の場として街の魅力の要素として大きな意義がある。住む場であり、働く場であり、そして、心と身体に豊かさを生み出す場が街の持つ本来の姿であると考える。

私が思う重要な場所は、「縁側」である。縁側と言っても若い人は見たことがないかも知れない。「縁側」とは部屋と屋外との間にある板張りの通路のようなところである。戸建ての家の庭に面して縁側があって、庭の先には道路がある。縁側の内側は完全なプライベート空間である。道路はまさしく公共空間である。知り合いが道路を散歩しているとお互いが挨拶して、他愛もない話をする。時にはその知り合いも縁側に座ってお茶を飲みながら歓談する。あるいは、将棋や碁などに興じることもある。この縁側空間にコミュニティの場としての重要性を私は感じる。

それでは現在の街における縁側空間とはどのような場所であろう。それはまさしくリアル店舗と公共空間のはざまだと思う。PrivateとPublicの間のCommonスペースがこれにあたる。このCommonスペースが人と人が交わる最高の場だと思う。例えば、オープンカフェや軒先のベンチなどを想起すると理解しやすい。

当然であるが、Public空間も街の魅力の創造においては重要である。ホールや図書館などの公共施設の存在意義は大きいし、また、公園、河川や道路などの公共空間も重要な街の要素であり、カルチャーの醸成や街の魅力創造としての取り組みが既に行われている。ニューヨークでは街のいたるところにベンチが置かれていると聞く。それは意図して設置されているのである。また、車中心の道路を人中心の通りに変えている。車道を減らし、自転車専用スペースや椅子やテーブルを置いたフリースペースが作られている。人流が増えることによって新しいコトがはじまるのである。

また、環境への負荷を減らしサステナビリティのある街が求められている。具体的には車中心の社会から人中心の社会への移行である。住む場、働く場、コミュニケーションの場が徒歩圏にある、いわゆる、ウォーカブルな街である。自動車の車線を減らし、自転車専用部分や歩道を確保し、歩道を人と人との交流空間とする。

住む人やワーカー、訪問者すべてが街の構成員となる。小売店舗や飲食・サービス店舗なども当然街の構成要素である。加えて、行政施設や公共施設も街の一部として機能していくこととなる。適度な広さ、多様で複合的な用途の建物、自然豊かな公共空間、そこに多様な人が集う。これが私の考える魅力ある街である。

都市計画研究者の中島直人氏はその著書において、都市計画家の石川栄耀の思想を以下のとおりまとめている。

石川は、人は、「集まってその集まりを楽しむ」「市民相互を味わう」「人なつかしさの衝動」のために都市をつくるのだと考えた。ギリシャ以来、あらゆる地域、あらゆる時代の都市は、中心部に美しい広場を持っていて、その都市美的環境のもとに市民が集まって歓談を楽しんできた。そうした中心のことを「盛り場」と呼んだ石川の信念は、「今日都市からこの盛り場をなくしたら都市はない。都市がない所か、「人間そのもの」がなくなるのである」というものであった。

『都市計画の思想と場所　日本近現代都市計画史ノート』（中島直人、東京大学出版会、2018年8月、54頁）

街の魅力とは、人と人との交わりであって、その交わりから生まれるカルチャーではないだろうか。そしてそのために、交流の場の存在が大きいと私は考える。現在の住宅地やオフィス街はその用途における効率を重視するあまり、この交流の場が欠如しているように感じる。街とは、住む場であり、働く場であり、憩い、語り合う場であって、そこに存する人に街の魅力を感じさせてくれるのではないだろうか。

現在、街づくりにおいて取り組まれていることとして、徒歩圏にこれらの用途がある街がある。また、オフィスも企業内の他の組織の人との交わりの場を作ろうとしている。加えて、企業や業種などの壁を越えて、また、大企業や行政、スタートアップ企業・ベンチャー企業などの人々が交流し、新たな発想や創造が生じるとのことから意図的にそのような場が作られ、そこにあえて身を置くようになっている。

このような人と人との交わりの場の形成において、商業の果たす責任は重く、この役割を果たすことによって、支持される場となり、変化する社会において生き残っていけると確信している。

# 第4章 魅力ある街づくりに取り組む人

## 1 久保憲一氏

東京大学工学部建築学科卒業、東京大学大学院工学系研究科建築学専攻修了後、株式会社山下設計入社。建築設計部門意匠担当者として、ラゾーナ川崎プラザをはじめ、多くの商業施設、博物館、学校、オフィスなどを手掛ける。また、東京オリンピック招致活動の一環の施設計画などにも参画。2015年に株式会社フレームワークスを設立し代表を務める。2020年にオープンした立川グリーンスプリングスの企画やプロジェクトマネジメントを行うなど、様々な開発プロジェクトにおいて、中心的な役割で活躍している。

## ――ラゾーナ川崎は衝撃だった！

**永野**　久保さんと最初にお会いした時に、ラゾーナ川崎を見た時の感想をお伝えした記憶があります。川崎駅を出てショッピングセンターに入って最初の一番いい場所に広場があり、これまでと違った商業施設を作ったなという感想です。商業開発や商業不動産投資の目線からは考えられない配置でした。

**久保**　我々が大学で教わってきた街づくりは、本来長期的な視点で考えるべきであり、スクラップアンドビルド的な形で短期的な発想で作られたモノをネガティブに捉えていました。短期的な経済合理性の下につくられる建物が大多数の世の中で、長期的な視点に立ち、直近の経済や社会動向に惑わされるべきではないという考えです。しかし一方では、就職して大半の人は既存の経済の中にいて、受けてきた教育と現実とがマッチしないジレンマがあったと思います。

既成の大規模商業施設は計画された場所に関係なくプロトタイプ的なものが、多く量産されているように思います。設計事務所に勤務していたときに担当したラゾーナ川崎のコンペでは、その場所や時代を踏まえたオリジナルなものをつくりたいと考えました。川崎駅隣接という場に新しい環境をつくろうと提案しました。そこで大事なのは店舗と人を繋ぐ道や広場です。商業施設開発は、投資額を低く抑えて表層部分だけを変化させるスタイルが多く見られました。それに対して、変わらない魅力を持ちながら100年後も存在する建築物をつくろうと考え、街の中で変わらず残り続ける広場を中心とした街づくりの発想が出てきました。スペインの建築家のリカルド・ボフィル氏にも参画して貰いました。彼もまた、建築は100年のスパンで文化や経済、生活に影響を与える責任のある行為であり、目先の利益追求に捉われてはいけないとの考えの持ち主でした。一番いい場所に広場を作る案を彼に提案したところすぐに共感を得ることできました。結果、私たちの案がコンペで採用されました。その後、具体の建築計画の策定に入っていくのですが、一等地に広場というのは商業的なセオリーに合わず、何度も無くそうとか小さくしようなどの意見につぶされそうになりました。いかに広場を死守するかが私たちの最大のミッションでしたね（笑）。あの広場が無くなってしまったら私たちが参画する意味がなくなってしまうという意識でした。開発事業者である東芝や三井不動産で共感して支援してくれる方々のおかげもあり、無事に完成することができました。

**永野** そしてラゾーナ川崎のあの広場ができたのですね。立川グリーンスプリングスの開発の経緯も教えていただけますか。

**久保** 立川グリーンスプリングスは、地主である立飛ホールディングス（以下「立飛ＨＤ」と記載。）が自ら開発を行った複合施設です。立飛ＨＤは戦前に戦闘機を造っていた会社ですが、戦後土地を米軍に接収され、返還された後には28万坪のまとまった土地で倉庫などをテナントに貸す事業を行ってきました。その立飛ＨＤが２０１０年に企業買収の危機にあいました。

**永野**　不動産価値はあるが株価が安く、企業を買収して不動産を切り売りして儲けようとする会社に企業買収をかけられたのですね。

**久保**　その企業買収の危機を乗り越えて東証二部上場も廃止しました。当時、設計事務所にいた私は、エリアの活性化を意図した立飛ＨＤのマスタープランのプロポーザルに参加しました。実は、ラゾーナ川崎の設計を私たちが行っていたとのことで立飛ＨＤからお声がかかったそうです。川崎と立川はともにＪＲ南武線沿線にあります。南武線の端っこの川崎での成功例があって、同じ南武線の端っこに立川があります（笑）。結果的に立飛ＨＤは私たちの案を採用してくれました。そこから立飛ＨＤと一緒に取り組んでいくことになった訳です。

立飛ＨＤは「ららぽーと立川立飛」を三井不動産と開発したのですが、立飛ＨＤ自身で自分の土地に何か開発したいとの思いがあったようです。その頃、昭和記念公園の横に払い下げの土地があり、立飛ＨＤが購入しました。何をつくるかを決めずに購入したのです。その時私は設計事務所を辞めて独立したばかりで、検討のメンバーとして参画することになりました。

**永野**　そのような経緯からプロジェクトに参画することになったのですね。しかも何をつくるかが決まっていないプロジェクトへの参画ですよね。ゼロからのスタートですよね。

**久保**　立川グリーンスプリングスのあの場所は、昭和記念公園の隣地であり、環境や自然を大事にするべきだと思いました。チームメンバーの多くが同じ考えだったと思います。立川という都市自体も多摩エリアの中心であり、東京の郊外にあたる場所でもあります。永野さんもおっしゃっている都市の縁側に当たる場所です。利便性の高さと環境の良さを兼ね備えた「都市の縁側」である立川の特徴を活かそうと考えました。

立川駅周辺は商業立地としては既に飽和状態にあり、そこにある同じような店舗を作っても厳しいことは分かっていました。しかも立川駅からもちょっと離れています。先日も立川の高島屋が百貨店業態からSC業態へ転換するというニュースもありましたが商業的には厳しい環境ではありました。もうこれ以上商業を増やすという発想ではなく、事業創造をしていかなければいけないという雰囲気がありました。強みとしては公園の近くにあって、立飛HDが保有する100haの土地の脇でもあります。ここを人が集まる場にするというところから計画がはじまりました。立地の環境を活かすことによってこの場所の強みを出したいとの発想に共感した人が集まってプロジェクトが動きはじめました。

**永野**　私の記憶では、2015年の秋に「ららぽーと海老名」が開業して、その後、立川立飛、そして湘南平塚と首都圏で1年の間に「ららぽーと」が3つ開業しました。あの1年間は激変期でもあったと思うのです。レディースファッションからアウトドアの物販店にメインフロアのテナントが1年で変わったのです。

**久保**　以前から言われていましたが、モノ消費からコト消費に変わり、さらにEコマースも台頭してくる中、物販も厳しいとの感覚はありました。当然ですが、新型コロナの襲来など想像もしていなかったのですが、その中で滞在型施設のようなものを志向しなくてはという意識はありました。

## ――不動産事業としての商業開発でチャレンジは難しい

**久保**　商業施設の不動産は開発すると証券化することが多くはありませんか。

**永野**　日本の多くのショッピングセンターは単館SCと言って一つのショッピングセンターしか保有していないところが大半です。しかし大手の不動産ディベロッパーの場合、系列のREITやSPCに資産を売却してオフバランス化することが多々ありますね。

**久保**　商業不動産開発がチャレンジしにくい理由の一つにそこがあると私は思います。開発後にREITなどの資産に含まれることを前提とします。すると、その不動産投資に対する期待値が投資家にあって、利回りなどのベンチマークで商業不動産が評価されてしまうのではと思うのです。その商業不動産の評価のベンチマークは、世の中の流れとは時間差があり、必ずしもリンクしていないと思うのです。金融商品として投資をしている人たちは、過去の経験により得られた投資の尺度で今の証券市場を見ていることが多く、その投資をしている方々には、まだ顕在化していない未来の価値や流れが評価されにくいように思います。例えば三井不動産がやっているから安心だとか、「ららぽーと」だったらこうなるはずだよねとか、そういう企業バリューやブランドバリューに対して投資することが多いのではないでしょうか。ベンチャー企業の支援をしている投資家もいますが、そのような方々の支援の下、つまりかなり特殊な環境の下でしかチャレンジしにくい社会になっているのではないかと私は思います。

**永野**　ＲＥＩＴなどでは資産の評価を毎期行います。評価の手法は一般的にはＤＣＦ法で5年後、7年後に売却のような数値計算をして現在価値を算出します。ですから、10年、20年、いわんや１００年の長期の発想は少ないのではないでしょうか。同様に商業も今日の売上が欲しいのです。未来を見据えてはいるのですけれど、やはり今日の売上が欲しいのです。

**久保**　立川グリーンスプリングスと同じような施設を立飛ＨＤが誰かと一緒にやろうよと言っても、資金調達も難しいし、もう少し堅実な施設でいいのではないかと言われてしまいます。コストをかけて、チャレンジして収益が伸びなかったらというリスクから結局新しいチャレンジにブレーキをかけてしまうことが多いと思います。

**永野**　新しいチャレンジ的な開発を行うために立飛ＨＤが自ら開発したということですか。

**久保**　意図してそうしたということではありません。立飛ＨＤはエリアに保有する１００ｈａの土地の価値を上げたい。そのために立川グリーンスプリングスを人を集める魅力の中心にしたいと。この思いを実現するために自らディベロッパーとして取り組むこととなったということです。立川グリーンスプリングス単体のビジネスの最適解は、エリア全体の最適解とずれがあるということです。そのずれを許すことができるのは、立飛ＨＤのように周辺に多くの土地を所有する地主的な企業だけなのかも知れません。立飛ＨＤが保有する１００ｈａの土地があるからこそ、あえて今回のプロジェクトでチャレンジができたのだと思います。今回、ラグジュアリーホテルを組み込みましたけど、シティーホテルすら多くない街なのに、「ラグジュアリーホテルを作るので投資しませんか？」と言っても誰も乗ってきてくれないのです。諦めて投資家や事業協力者の考えに寄っていくことも当然あると思いますが、立飛ＨＤのトップがチャレンジしたのです。そのトップの判断への評価は、実はまだ今時点では出ていないと思います。話題にもなりましたし、とても評価されてもいます。しかし、その収益性という部分でいうと、必ずしも大満足というところではないかも知れません。20年、30年続いていく中で、結果としてどうなったのかはその時代の人たちが判断するものではないかと思います。ただ私たちは信じてやってきて、あれで良かったと思っています。

**永野**　これからの商業開発の一つのあり方を具現化したものだと私は評価しています。

**久保**　昔、ソニーがウォークマンを作った時と今の日本のものづくりの感覚が違ってきていると思います。あの当時の日本は強かったです。今の世の中には無いけれど、きっと皆が気に入るオリジナルのモノを作ろうという気概があったと思います。商業ディベロッパーを含めて日本社会全体が次の時代のスタンダードをつくろうとする強い思いがあったと思います。しかし、今は自信を無くしているのかも知れません。もちろん、人口も減少して、購買行動も変わってきていると、何かにチャレンジするよりリスクの方が気になってしまいます。しかし、確かな思いのあるリアル店舗や環境があれば絶対やっていけるのではないでしょうか。

**永野**　アウトドア用品のメーカーのパタゴニアですけど株式を公開してないです。株式は、日本でいうと社団法人みたいな法人が保有していて、株を公開すると株主の意向を汲んで経営しなくてはいけないと。パタゴニアの思いや社の存在意義を実現することが難しくなるとのことのようです。

**久保**　株を公開せずに独自文化を築いている企業も多くあります。サントリー、竹中工務店、ヨドバシカメラもそうです。立飛ＨＤも株式上場を廃止しました。私は優秀なトップが動かす会社に勝るものはないと思います。長期で判断される株主も当然いると思いますが、短期の数字で判断する株主も多いと思います。その点でチャレンジングな不動産開発はやりにくいです。商業不動産をつくる側の人にとっては制約を受けてしまって難しい面はあると思いますね。

## ――立川グリーンスプリングスのコンセプトはウェルビーイング

**永野**　立川グリーンスプリングスを開発する上でのコンセプトであるウェルビーイングの発想はどのように形成されていったのですか。

**久保**　元々はホテルとかホールとかを作るということも決まっていませんでした。住宅は作ってはいけないというルールと、敷地の一番奥の場所に多摩エリアでオンリーワンの施設を作りなさいというルールが地区計画で定められていて、なかなか厳しいものでした。容積率は５００％で20万平方メートルの建物の建築が可能ですが、投資額は莫大《ばくだい》になります。また、大きな建物を作ってもテナント需要が期待出来ませんでした。そこで、あの土地の良さは何かと考えました。隣接の昭和記念公園があり続けることは疑いなく、それを活かそうと検討をはじめました。その時点では、お決まりのプロセスとして、ターゲットは誰だとか、どういう人が来るのだろうなどと検証したのですが、結局明確な答えが出なくて、環境重視だよねという点までしか至らなかったです。そこで出てきたのが〝ウェルビーイング〟という概念です。〝心とからだが健康な状態〟という人間の理想的なあり方を指す言葉ですが、最近よく使われるようになりました。そのウェルビーイングを志向する人をターゲットに定めました。年齢とか家族構成に左右されないターゲット設定です。開発メンバーの間で、このウェルビーイングというワードが腑に落ちました。

開発チーム内でこのウェルビーイングというコンセプトを大事にしていて、建設会社や管理会社など関係者が増えていく時も、このコンセプトを共有する会を頻繁に開き、徹底してやりました。思いを共有できる人でないと参画できないというように。みんなの思いが一緒になると強いですね。

**永野**　規模としては比較にならないですが、私も新宿中央公園のPark-PFIの検討をしているときにプロジェクトのメンバーと何度も話し合いました。何回も無駄話のような時間をとって。みんなの思いが一つになると強いという久保さんの感想は理解できます。

## ――チャレンジにブレーキをかけるトップ

**久保**　チームが一つになると、プロジェクトの結果も大きく変わります。しかし残念なことに、新たな取組みに対して、失敗したくないという思いから委縮してブレーキをかける経営者が多いように感じます。プロジェクトにブレーキをかけるのが実はトップであったということが多いように思えます。組織上の問題なのかも知れませんけど。ラゾーナ川崎にしても、立川グリーンスプリングスにしても事業を進めることを決断したトップの役割は大きいです。「凄いことをやったね」と言われる人がいます。でも、新たな取り組みやチャレンジをしている人は多くいます。それに対して部下やチームを信頼して「ＧＯ」という判断をしてくれるトップに恵まれた組織だけが本当のチャレンジにつながっているのです。「日経アーキテクチュア」が選ぶ２０２０年の「10大建築人」に、建築分野でない立飛ＨＤの村山正道社長が選出されました。正しい評価だと思います。トップやオーナーの決断を評価する場がもっとあってもいいと思いますね。

**永野**　先ほどの株式の公開などから制約を課されていることもあるのでしょう。トップや役員は自分の任期の間は失敗しないようにという意識も働くのでしょうね。でも不動産は将来にわたって存在するもので、短期的な評価を求められる環境ではトップの判断は本当に大きいですね。

**久保**　そうですよね、そういう環境や組織の仕組み上、チャレンジしにくくなっていますよね。

**永野**　極端な言い方ですが、この規模の建物を設計して下さいと言うと建築としてはできてしまう面はありますよね。

**久保**　コンセプトが無くてもできてしまいますよね。でも思いや熱量みたいなものがあるプロジェクトは、結果として、いいものができることが多いかなという気はします。話題になった施設はどこかでそういう要素があると思います。

## ――民間がパブリックスペースを作るって価値がある

**永野**　公共空間について伺います。東京都23区の面積に公園が占める割合が6．7％で、道路の占める割合が16・5％です。これに河川を足すと公共空間は30％超えると思います。

**久保**　自然や地域の特性を商業施設に取り込むことは魅力になると思います。民間がパブリックスペースをしっかり作っていくことがとても大事だと思います。

立川グリーンスプリングスには、イベントスペースやビオトープやカスケードがあり、訪問した人が自分の場所を作れるようにしようと試みました。加えて、建物の中と外の境目がないように作りたいという思いからオープンモールになりました。

アメリカの西海岸と違って雨も多くて寒さも暑さも厳しい日本ではインモールがいいと言われ

ることが多くあります。雨が降ったら傘をさして店と店とを移動しなくてはいけなくなるとの意見も多いですが、一方、立川グリーンスプリングスの場所は、自然を感じるということがテーマでした。すべての店舗が路面型で店の前の庇《ひさし》があるのでほどほどに風雨を避けられますし、雨や雪に降られる施設も風情があって良いかも知れないと。

出店事業者側からの意見としては、クローズドモールでは共用空間の管理経費が共益費として負担になるとか、営業時間が制約されるとかもあって、オープンモールに対してそれほど反対意見は無かったです。逆に個別の店舗で空調が行いやすいなどのメリットの話も聞こえてきました。開業時がコロナ禍だったこともあり、店舗をオープンにして外にテラス席を設けることができたりしたことは好評でした。コロナ禍ではあるものの、他の施設に比べると来街者は多かったと思います。将来を見据えて環境づくりに取り組んだことがコロナ禍により評価が早まった感覚です。

**永野**　大きな社会の流れがあって、たまたま新型コロナがその流れを加速させたのではないかと思います。加えて、どこの出身だとか世代だとかジェンダーとかを超えて普遍的価値というものがあると私は思います。それが立川グリーンスプリングスにはあったということだと思います。ビオトープやカスケードなどもその普遍的価値を具現化した要素の一つです。そこに魅力を感じて店舗が出店し、多くの人がコロナ禍にもかかわらず集まったのではないかと思います。

## ――今後もチャレンジングな施設はできない？

**久保**　立川グリーンスプリングスが評価されたとはいえ、今後も今までのような施設が多く作られていくのだと思います。時代の変化を先取りするチャレンジングな施設はとても稀有です。それは、ベンチマークのない新しい施設の良さを立証できないからです。これまでの施設は、過去の実績や経験則からある程度、収益予測が可能で説明しやすいです。そして、その実績が増えて、成功例が多くなってきてはじめて経験則として理解してもらえるのかなと。だから事前に証明できればいいのですが、証明できないからなかなか踏み切れない。

先入観なく、その場所や時代に合ったオリジナルな施設を作る方が、結果的に満足できるものになる気がします。街づくりにおいて環境づくりは大きな要素であると思います。しかし今は、確かな思いのある担当者が役員に説明をできる十分なエビデンスが揃っていません。一方、エビデンスが既に揃って企業トップも当たり前のように判断できるような施設開発が増えれば、それは誰にでもできてしまい、既に巷に溢れて全く新しくないことになってしまう。そういう意味では、神様は私たちにいい塩梅の試練を与えてくれていて、成功するラッキーな施設が時々出てくる状況なのではないかと思います（笑）。自分だけが頑張ってもうまくいかないとか、チャレンジングな新しい事例を見ても自分の置かれている環境では実現でないと言う人もいますが、苦しみながらもブレイクスルーしていくことの大切さを若い人にどんどん伝えていきたいと思います。「諦めるなよ」って。

## ――人のエネルギーを感じられる街は魅力的でした

**永野**　どこの街にも魅力はあると思いますが、久保さんが訪問した街で魅力を感じた街はありますか。

**久保**　住んでその街にいるのと旅行するのでは違うでしょうが、上海などのアジアの街中にとても魅力を感じます。それは人のエネルギーですね。路地とか自然発生的な場所のにぎわいに惹かれます。私が作るのは単体の建物が多いですが、長い時間をかけてつくられていった街には魅力があります。自然発生的にできた街に対して人工的に作る街はやはり限界を感じます。また、ブダペストなどのヨーロッパの街にも歴史や文化の積み重ねみたいな、一朝一夕ではできない重さを感じますね。イタリアの街はどこもそんな感じで、その場所の良さみたいなものを自分たちでつくっています。スコットランドの街は地元のスレートの素材で街並みができていて、やはり美しさとエネルギーを感じました。スペインのバルセロナに行くと碁盤の目の通りに１本斜めにランブラス通りが走っていて、圧倒的な違和感が逆に魅力になっていて素敵でした。日本でいうと尾道などその土地の風景を持っているところがいいなと思います。新橋駅前の市街地再開発が計画されていますが、昔ながらの路地や小径の環境を残した再開発をして欲しいなと思います。
　建築や街づくりは過去の100年と未来の100年をつなぐものをつくることだとリカルド・ボフィル氏に言われました。とても勉強になりました。「変えるのではない、過去と未来の100年の時間のバトンタッチをするところをあなたは担っているのだ」と話をされました。街にはそれぞれ良いところがあり、そこに建築で足跡を残すことになります。彼のこの言葉を意識しなくてはならないと思いました。
**永野**　そこに内在する資産だとか自然などをいろんなものを含めての街の魅力ですよね。
**久保**　リカルド・ボフィル氏はよく、都市におけるダブルミーニングという話をされていました。マクロで見たときの印象とミクロで見た時の印象が違うとか、大きい屋根の下に小さい街や建物が入っているという対照的な意味合いを同時に感じさせるものづくりの手法です。ラゾーナ川崎の計画の際「大きな屋根の下の小さな街」にしたいとよくリカルド・ボフィル氏は言っていました。過去と未来を繋ぐその時代の断面をつくり、過去と未来を同時に感じられるという心地良い違和感が良いと。ラゾーナ川崎でいうと駅を降りた瞬間、大きな広場と大きな屋根に普段見ない違和感を覚えるといった感じです。立川グリーンスプリングスでいうと2階の人工地盤のところに大きな公園があるという、人の心をざわざわさせたり、わくわくさせたりすることが大切なのだと思います。

**永野**　たしかに心がざわつきました。

## ――土地の思いを建物に

**久保**　飛行機が立川飛行場から離陸する時や着陸する時の角度がありました。その角度を意識したランドスケープを平賀達也氏（(株) ランドスケープ・プラス代表）がつくってくれました。現在の多摩地域は、中央線などの東西の交通網が強い印象ですが、昔は飛行機で世界に飛び立つ、南北の軸が強い時期もありました。現在、立川にモノレールができて、南北の動線が生まれてきています。それが偶然なのか必然なのかはわかりません。それを発展させていこうという思いもあるわけです。その土地が持っているアイデンティティやポテンシャルみたいなものを活かそうとチームメンバーの皆で考えていました。

私が大学の時の師匠だった建築歴史学者の故 鈴木博之氏の本で『東京の地霊』があります。土地が持っている霊的なものというか精神的なものを大切にしたいという気持ちはありますね。

## ――魅力ある街とは「街を愛する人がいる街」

**永野**　久保さんが考える魅力ある街とは。

**久保**　ラゾーナ川崎と立川グリーンスプリングスの話をしてきましたけど、私にとっては大事なプロジェクトだったと思っています。この二つの街はある意味幸せな街であると思っています。川崎の土地は東芝が所有していて、東芝の愛がありました。現在の川崎駅は東芝の工場があるためにできた駅だそうです。街が発展して行く中で工場という役割を終えて違うものに転換する時期になりました。でも東芝は土地を売ってしまおうとはしなかった。東芝は自分たちの歴史あるこの街を変えたいとの思いから、土地を持ち続けている地主なのですね。立飛ＨＤも同じです。自分達の土地に対する愛があって、変えていこうとしているのです。いわゆる「シビックプライド」なのかなとも思いました。地主に愛があるとその地域に愛が芽生えて、集まってきた人が街を好きになるのではないかと思います。どういう街が魅力ある街かとの質問の答えになっていないですが、人がやって来る街は何か魅力があって、その街の魅力は土地のオーナーに魅力があるのではないかと思います。きっかけとしてはそこに住む人たちのエネルギーが、他の人に次々と広がっていくと思います。そんなプロセスを生むような街が魅力ある街ではないのかと私は経験的に感じます。だから、オーナーがそこにパブリックスペースを作ろうという感覚は当然なのです。

**永野**　なるほどですね。今の時代、精神的な豊かさの方向に向かっているように思えますね。

**久保**　そうですね、結局ハードだけが支えているわけではないですね。

**永野**　ハードや機能も重要ですよ（笑）。

**久保**　環境をつくって、そこからコミュニティが生まれて、結果として経済に繋がっていくという流れです。直接的には収益を生まない、居心地の良いオープンテラスが永野さんが手掛けた新宿中央公園のSHUKNOVAにもありますよね。環境づくりに力を入れて、収益的にはちょっと損した施設をつくるとそこに人が集まってきてちゃんと経済が回るみたいな話です。その環境づくりの最たるものが広場であり、自然環境であり、公園であるわけですよね。そういう意味では環境づくりは大事なのですが、それを作るエネルギーが根っこに必要です。そこに熱い気持ちを持った人が環境をつくって、人がコミュニティをつくり、そのコミュニティが経済を回すというように。

やはり根っこには人の愛情、その場所に対しての愛があると思います。三井不動産の日本橋、三菱地所は丸の内、森ビルの港区エリア。自分の土地、自分の根っこになる場所は、究極の場所であって失敗するわけがないと思います。だから立川を根っこにしている立飛ＨＤというオーナーがいなかったら立川グリーンスプリングスのような施設はできなかったと思います。ラゾーナ川崎も東芝が地主でいたからできたと思います。現在取り組んでいる、東京街道団地のPark-PFIも本荘倉庫という地元の会社がいるので力が入っています。地元のオーナーでやる気があるというのは圧倒的に強い気がしますね。

**永野**　久保さんが考える魅力ある街とは、「街を愛する人がいる街」ということですか。

**久保**　そうだと思います。自分の街を信じていない人に街は変えられないですね。ブレイクスルーは、その街の中にいる人たちがそこのポテンシャルを引き上げたい気持ちがあるかどうかということで決まると思いますね。

**永野**　商業は魅力ある街の一つのパーツとして重要な役割を持っているなどと私は言っていますが、それでは魅力ある街とはどんな街なのかが私の永遠の課題です。魅力ある街とは「街を愛する人がいる街」というのは私の中で腑に落ちました。久保さん、今日はありがとうございました。

## 2 山名清隆氏

「ミズベリング」プロデューサー

株式会社スコップ 代表取締役社長。１９６０年静岡県菊川市生まれ。ＥＸＰＯ85日本政府館ディレクター、情報誌編集長、テレビ番組キャスターなどを経て、（株）スコップを起業。首都圏外郭放水路、東京外環自動車道、首都高山手トンネルなど大型公共事業の広報計画を多数手がける。東京大学、神戸大学、山形芸術工科大学、国土交通大学校などで講義。地域づくり総務大臣表彰、GOODDESIGN賞経済産業大臣賞など受賞。「キャベツ畑の真ん中で、妻への愛を叫ぶ」、群馬県嬬恋村のイベントの仕掛け人。

### ○「ミズベリング」とは

水辺のアクションが増える、街はもっと輝く。まだまだ、十分に活用されていない日本の水辺。ミズベリングは、新しい水辺の活用の可能性を切り開くための官民一体の協働プロジェクトである。ミズベリングの語源は、「水辺＋ＲＩＮＧ（輪）」「水辺＋Ｒ（リノベーション）＋ＩＮＧ（進行形)」。水辺に興味を持つ市民や企業、行政が三位一体・ひとつの輪となり、持続可能な水辺の未来に向けて改革していくとの意味が込められている。ミズベリングは、水辺を愛する人が主体的に関わり、水辺と街が一体となった景観、にぎわい、新しい水辺と社会の関係を生み出すムーブメントを、次々に起こしている。

かつて、日本の地域と融けあい、街の象徴として美しい風景を織りなした水辺。しかし、高度経済成長と共に、多くの河川は効率重視の排水路と化し、街並みから背を向けられる状況にある。一方、近年では民間事業者などの手により、水辺を活かした再開発が進んでいる。災害が甚大化する時代だからこそ、川との新しい関係性を築く、都市の顔となる水辺づくりが求められている。

このような背景から、2013年12月に水辺と街のソーシャルデザイン懇談会を開始。立ち上げから、次の3つのコンセプトに沿って、水辺と街の未来の形をデザインしている。

・街にある川や水辺空間の賢い利用
・民間企業等の民間活力の積極的な参画
・市民や企業を巻き込んだソーシャルデザイン

ミズベリングは、この3つの基本コンセプトに従い、水辺を「つくる」だけでなく水辺やその周辺地域・文化を「つかいこなす」ことを視野に入れ、持続可能な水辺の未来創造に貢献している。

## ――誰にいわれることなく活動する人たち

**永野**　「ミズベリング」の活動に長く取り組まれていますが、経緯を伺えますか。

**山名**　そもそも河川法の改正がありました。でも水辺空間で何かをやれると誰も思ってない状態だったのを広く国民に認知してもらおうというところからです。

**永野**　山名さんは、ムーブメントを起こしますよね。

**山名**　「こりゃ、いいね」と言って、普通の人達が自ら行動して世の中を変えていきます。強くはないけど、負けていない人達が動き出したときに、常識が変わる感じがあります。学識人などの偉い先生方が集まって、未来予測に基づいて云々というやり方は違うと思っていました。「弱くて低い方から上にどんどん波を起こす」やり方は最初から決めていました。

**永野**　あるフォーラムにて各地での活動者の報告がありました。行政にいわれてやっているのではなく活動されている方々の取り組みでした。

**山名**　一番変化を起こしているのは地方の知られていないような現場です。中央の霞ヶ関の中ではなく、河川空間を使わなければもはや町おこしができないとか、ギリギリのところでやっているような人達の活動が響きます。とにかく現場で孤独に頑張っている人の話は説得力があります。そういう方々にはドラマがあります。「こんなつまらないことに何で熱中しているのだろう?」と周りからは見られている人達に私は背景を感じます。最初は各地の現場で活躍する人達のことは全く知りませんでしたが、その方々の活動をとおして水辺の魅力を広く伝えたいと思いました。

**永野**　ミズベリング・フォーラムでは各地の人の繋がりもできていますね。

**山名**　喋る側の人たちとオーディエンスの人たちと、偶然に生まれるスパークする瞬間があります。変えようという両者の勇気が繋がった時です。自分一人ではないと安心するのです。ユニークなことをやっていると、人知れずユニークなことをやっていた人たちが集まりはじめます。実は、このような活動をしている人は沢山いて、堂々とユニークなことをやっている人を見ると繋がりたくなるのです。私の役目は、その人達を繋げることです。「自分は周りからは認められていないけれども、遠くに同じ思いの人が見てくれている」という安心感を持つのです。安心感を生むだけでなく、クリエイティビティを生み出します。それがムーブメントやコミュニティの核となっていくのです。面白いという気持ちが中心にあって、それが回転し始めます。

**――自分の地元が耕作放棄地だった**

**永野**　群馬県の嬬恋村でのイベントの「キャベツ畑の中心で愛を叫ぶ」も最初は誰が参加するかも分からないような状態からはじめられたと聞いています。それが大きな広がりを見せて、山名さんの出身地でも開催されるようになりましたね。

**山名**　各地に行って色々な活動をしていました。しかし、自分が今住んでいるところや自分の生まれたところに関してはどうかということが私の「問い」になりました。そこだけが自分の空白地帯でした。言ってみれば自分の耕作放棄地です。他所に行って畑を耕してはいますが、自分の生まれた場所と今住んでいる場所の畑は全然耕していないという「問い」が生まれました。自分自身が住んでいるところへのコミュニティだとか、街づくりに関わるだとかがなかったのです。そこに顔を向けることをしてみたい、それが今の私の関心事です。

**永野**　住む場所と働く場所、憩いの場所などが一体になっている街が本来の姿だと思います。自分の住んでいる場所に、多くの人々が今関心を持ちはじめているのではないでしょうか。

**山名**　それは自然の流れです。コロナ禍、食べに行く場所も近くになったし、探すきっかけになりました。「ネイバーフット」がずっとキーワードになっていて、正直よくわからなかったです。都市という空間において「ネイバーフッド・レストラン」とはどういう存在なのか、わからなかったのです。それが、コロナ禍で自分が住んでいる近所を楽しむ、良くしたい気持ちが実感できるようになりました。自分の住んでいる所への関心が無かったわけではないけど、直接にコミットすることはなかったです。ご近所の界隈に飲食店が残っていて、そんな場が魅力的だと思いました。実はそれがとても街にとって良いことではないかと思うようになりました。猥雑さや吹き溜まりの場の良さをコロナ禍でみんながやっと気がつきました。

**永野**　山名さんは、「ほこみち」の活動もやられていますが、車中心の社会から人中心の社会に変わろうとしているのは世界的な動きですか。

**山名**　それはとても感じます。「ほこみち」の事務局に外国から問い合わせが来たりしています。「ほこみち」も道路法が変わって、歩行スペースを確保できれば歩道上にモノを置くことができるようになっていました。偶然ですが、コロナ前に法の改正がされていて、コロナ特例も重なって、歩道が線や面となって街づくりの空間として使えるようになりました。道路空間のオープン化という流れです。これも世界の趨勢で、まずは法律を変えてその周辺との新しい連携を行う流れになっています。

「ほこみち」もミズベリングと同じで、現場で活動してきた方の話を聞く場を作りました。例として、姫路駅と姫路城の間の道路での取り組みがあります。銀行やオフィスが並んでいる通りで、歩くには魅力が少ないのです。そこで「ほこみち指定」を受けて何とかしようとしました。でも、社会実験を行っても一時的に人が来るだけでした。元々飲食店舗などがない通りなので、人の流れが変わるほどの効果はありませんでした。店舗がないとダメだと実感し、飲食店を誘致しようとしたけど誰も出店しませんでした。その中で一人のデザイナーは空いている区画を自ら借りて、そこでクラフトビールショップを始めました。店外にあるテラスを活かすためにお店自体がないとダメだと建築家自身が感じたのです。クラウドファンディングで2000万円が集まりました。その地域だけでなく、日本中からチャレンジを応援する人が出てきました。

お店の前のスペースに木があって、テラスのようになっていて、素敵な場所があるから店を出店したいと人が現れたのです。私は、逆じゃないかと思いますが、「これありなんだよ」と建築家自身がはじめたのです。「ここにいい公園があるから店を出す」とか、「路面がオープンに使えるなら俺が店を出すよ」いうようにこれからはなるでしょう。そういう人が現れてきて、飲食店や不動産とは関係ない人がこのようなことをはじめています。

## ――遠くにいても「近所」

**永野** 社会も変わって、シームレスな世の中になっているように思うのですが。

**山名** 「ご近所」という感覚も変わると思います。近くに住んでいるから近所ではないです。ある人の生き方に共感すると、どんなに遠くてもその人と近所感覚になります。近くに住んでいても、思いが全然違う、会話もしない、挨拶もしないのは近所ではないです。遠くにいてもよく知っている人が生まれています。それが新しいネイバーフットかも知れません。「ご近所」の新しい姿であるのでないかと思います。加えて、応援することで自分の自尊心がとても高まります。遠くに住んでいて会ったこともない人が仲間になります。今、このようなことが日本各地で、世界中で、起きていると思います。

デジタル通貨で応援する、投資するなどと大きく変わっていく予感がしています。これからのコミュニティはデジタル通貨と街づくりが結びつくのではないかと思います。例えば新潟県の山古志村です。２００４年の新潟中越地震で大きな被害がありました。もともと過疎地域であったこともあり、住民が2，２００人から８００人に減りました。山古志村は錦鯉が有名で、そのデジタルアートをＮＦＴ（Non-Fungible Token（非代替性トークン））を使って、購入者に電子住民票を発行しています。投票権がないにもかかわらず、世界中から１４００人が購入しました。その額は1億円に上ります。また、ある地域のある事業などに対しても、計画段階から広く情報をだすことによって、世界中から素敵な意見が集まる時代になりました。加えて、自分の近所に関心がなかったけど、遠くの人に関心あると言われると関心を持たざるを得なくなります。

**永野**　街づくりへの参加者も、方法も、変わっていきますね。

**山名**　街づくりにコミットするのは難しいことに思うのですが、実はもう既にみんな何らかの形で関わっているような気がします。ふるさと納税もその一つかも知れません。自分が住んでいる街に対しての考えが周辺の人と違ったとしても、遠くに同じ思いの人がいるだけで前に進む勇気が出てきます。

**――ブランドの覚悟を感じると面白い**

**永野**　街と商業との関係はどのように思われますか。

**山名**　私は百貨店やショッピングモールは大好きです。よく妻と二人で出かけます。必要な物を買いに行く場所というわけでもなく、店舗スタッフに会いに行く感覚です。洋服屋さんのスタッフと会話をするために行くような面もあります。要するに近所のお知り合いです。ご近所感覚で会話をすることが楽しいのです。また、夫婦でというのが大事だと思います。

商業的なところでは二子玉川によく行きます。二子玉川という街の空気に合致している店舗があったりするのがいいですね。売上とかではなく、その街の感覚にあっているということでブランドを表現しているところもあります。マーケティングとしての消費地としての場所ではなくて、街の人と一緒に会話することによって自分たちのブランドを高めていこうという姿勢の店舗は好きです。何か覚悟みたいなものを感じます。

何度か通っているうちに、そのブランドが目指しているところがわかってきます。リサイクルだとか、SDGsとか声高に言わないけど、店内に置いてある本だとか、取り扱っている商品のラインナップを見るだけで、貫かれたビジョンが感じられます。そして私も勉強になるわけです。そのような店舗の存在で街も面白くなります。

**永野** そういう店舗は応援したいと思いますよね。

## ――「心の居場所」と「住む場所」は同じ？

**山名** 日本愛妻家協会をつくった時に、「いい夫婦ですね」と言われ続けることが自分の社会的な役割であると決めました。あるプロジェクトで成果をあげることや話題になることも重要ですが、夫婦で一緒に行動して、夫婦が幸せであることの方がより社会に対して大きなメッセージとなると考えています。

職業柄マーケティングを長くやって来て、この職業へのアイデンティティの自惚れが昔はあったと思います。最初は憧れもあり、常に送り手であろうとか、計画者であろうという意識がありました。「人中心」だとか「自分事」などのキーワード使うと意外とみんな信じるのです。でも、そんなのはあたり前であって、そんな用語を並べて仕事している自分に違和感が着きまとっていました。使っている言葉が自分自身の言葉なのか、本当に心底思っていることなのかがわからなくなっていました。自分の中のセンターがわからなくなり、あるのかさえ分からなくなりました。「周りが言っているけど、自分はどうなの」という不安です。自分がどう生きたいのかということが無くて、父親世代の価値観を変えたいと思っていても結局変わっていない自分がいたのです。幸せとは何か、どう生きたいのかという問いが長くありましたね。

それが、そのプロ意識とかプランナーだというところから離れると楽になりました。10年かかりましたけど。大きかったのは、先ほどの「いい夫婦ですね」と言われ続けることを自分の役割だと決めたことでしたね。

**永野**　山名さんのその思いがあるからムーブメントが起きるのでしょうね。先ほどの「キャベツ畑で愛を叫ぶ」も、ただの仕掛け人ではなく、奥さんへの叫びが山名さんの心の底にあるからムーブメントのトリガーになったのでしょうね。

**山名**　方法論ではなくて、人としてどうしたら幸せになれるかにフォーカスした方がムーブメントを起こすのではないかと思うようになりました。「キャベ中」は正直いうと、かつての自分のような、つまらない男らしさに縛られた男たちにメッセージを送りたかっただけです。自分で作ったつもりの人生観は、何も作れていなくて、与えられて形成されたものではないかという問いかけです。周りが言っているからそうだなと思っている社会、また、教育や会社から影響を受けて作られてきた人格に対してのメッセージです。以前は自分の心のセンターに関心を向けることが無かったのです。これは、自分が住んでいる街に関心を持たざるを得ないことと共通していると思います。「人としてどう幸福に生きたいのか」と「どういう街に住みたいのか」は同じになっていると思います。これに対する真摯な姿勢が今問われているように感じます。

**永野** 自分の心の居場所と実際住む場所ですね。

**山名** それは、勝つとか負けるとかではなく、早いとか遅いとかでもなくても大丈夫だと思います。私が好きな六角精児の唄で「負けたんじゃない。逃げるんじゃないさ。ほんの少し弱くなっただけ。」という歌詞があります。これを言える感覚がとても格好いいと思えます。強い、負けないという感覚がこれまでの世の中のビルや街づくりなどの作り方だったと思います。人生も同じだったのではないでしょうか。これからは人口も少なくなるし、強がらない、焦らない感じのマネジメントが必要だと思います。この感覚を身に着けなくてはいけないと思います。のんびり近所をサンダルで歩いて、人に話しかけられて、夜な夜な近所でご飯を食べたり飲んだりする人の方が、よっぽど街づくりに貢献していると思いますね。「自分の住んでいる所でのご近所さんとのこんな関わりが幸せですよ」というメッセージが、これから新しい街づくりへの強いメッセージとなるかも知れないと思います。

## ――公共空間は魔法をかけられる場所

**永野**　ちなみに道路や河川、公園などの公共空間の存在意義は何だと思いますか。

**山名**　魔法をかけられる場所だと思います。道路にしても本来の目的があるわけで私的に使うことができません。公園とか道路とか川とかは、やってはいけないことが先にある場所です。公園で焚火してはいけないけどやったら面白い、高速道路でローラースケートや自転車に乗ったら面白いです。公共空間は行政管理空間ですが、それをプライベートに使うほど面白いことはないです。しかし、公共空間をプライベートに使ってはいけないルールになっています。何かを行おうとすると公共に資するがどうかで実施の可否が判断される場所です。しかし、公共空間はもはや公共的なことだけをやる場所ではなく、公共空間で究極的にプライベートなことを行うことが世界では趨勢になっています。途方もないことが時々出来る仕組みづくりが大事です。公共空間は、「いつもはみんなのための存在であるが、ある時は誰かだけのために使う」。その物語がワクワクしますよね。だから、誰に対しても平等にいつでも同じことを提供しなければならないとの自縛から解き放されたとき、公共空間は魔法のような場所になると思っているわけです。

**永野**　道路上でのロングテーブルのイベントは魔法の時なのでしょうね。

**山名**　難しいように思えますが、社会実験とか公共的な目的があればできてしまいます。その大義のある魔法の空間を見た人が、別なアイディアがまた浮かんできます。その連鎖が重要なことだと思います。

　私は「公共空間」のことを「交響空間」と呼んでいます。交わって響く場所です。行政が管理する場所ですけど、社会と人と街が響く空間というように考えています。この空間では、「驚きが生まれて、呪縛《じゅばく》から解かれて、限定を超える」。これが魔法です。そこにアートの力を加えると、「常識を揺さぶって、解釈を変えて、多様なものの見方が生まれる」。すると自分はどうするのかという視点が生まれ、公共空間が活かされたことによって、「思考が柔軟になり、発想が自由になり、創造の意欲を育む」。そこにイノベーションが生まれると思います。

**山名氏が考える公共空間**

公共空間が活かされると

- 驚きを生む
- 呪縛から解かれる
- 限定を超える

まるで魔法

アートの力

- 常識を揺さぶる
- 解釈を変える
- 多様な物の見方

主体的視点の回復

活かされたということは

- 思考が柔軟になる
- 発想が自由になる
- 創造の意欲を育む

新しい価値を生み出す

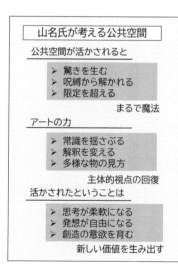

### ――清掃員が街を再生した

**永野**　山名さんが行かれた街で魅力的だったと感じたところがあったら伺えますか。

**山名**　一番インパクトあったのはニューヨークのブルックリンです。ブルックリンは人種的な差別もあり、危険なエリアでした。ブルックリンを変えたのは行政ではなく、街のエネルギーです。どのように変えたのかを知りたくてニューヨーク市のタッカー・リード氏に会いに行きました。自分が生まれた街が危険でさびれているのを変えたいと彼は取り組みをはじめました。彼は清掃員の人達を集めて、「貴方達が変わればこの街は良くなる」と言って回ったそうです。「ゴミだらけの街でゴミを拾っても何にもならない」と言う清掃員の人達に、「君達が変われば、街がきれいになれば、街はどんどん良くなる」と言い続けたそうです。最初は非常に小さな公園の一角をとにかく綺麗にして、そこから清掃員もプライドを持って行動するようになって、さらにその公園の周りに住んでいる住民達も一緒になって公園を管理する様になったところから広まっていったそうです。その話を彼の事務所で聞いていた時に、メガバンクがブルックリンに支店を出すという連絡が彼にありました。彼は「大銀行が支店を出すような街になるのに20年かかったな」と言っていました。私にはやんちゃな野郎たちの壮大なゲームのように思えました。都市計画とか行政とかではなく、地元の人が色々な人種の人たちを巻込んで街を再生していったというパワーを感じましたね。今のブルックリンの街の下にこんなドラマがあるというのが魅力的ですね。

**永野**　魅力ある街に行くと、60歳と56歳の夫婦がつい手を繋いで歩いてしまう街ということですか。

**山名**　それは仲が良くない夫婦が手をつないで歩いてしまう街ではないでしょうか（笑）。

## ――魅力ある街、それは夫婦が自然と手を繋ぐ街

**永野**　魅力ある街とはどのような街だと考えますか。

**山名**　そういうのがこれから大事ではないかと感じています。以前は「人中心の街」と言っていたのが、現在はウェルビーイング、幸福な街が叫ばれています。もちろん、空間が快適であるとか機能的であるところは大切ですけど、精神的な方向に向かっている気がします。

**永野**　ジェイン・ジェイコブズが本に書いていたかと思いますが、部屋の窓から見降ろすと路上でダンスをしている人がいる街、そんなイメージですかね。

**山名**　ウォーカブルの次はダンサブルですね（笑）。人が踊り出せる街、いいですね。歩ける（walkable）、自転車で走れる（cycle-city）、座れる（sit-able）街づくりがいいといわれているけど、踊れる街（danceable-city）がいいのではと提案したこともありました。心が踊る街は魅力あ

る街ですね。

　これからの街づくりや商業開発に携わる人たちにやってもらいたいのが、夫婦で一緒に買い物に行って欲しいです。買い物を楽しむ人を増やす、楽しそうに歩いている人を増やす。そのための感覚を持って欲しいです。結婚して30年、40年の夫婦が手をつないで歩いているような場所は間違いなく魅力的な場所です。手を繋いでも恥ずかしくない街です。そのような街では、夫婦は楽しそうに話をしながらお店に入っていきます。そういう人が店に、そして街に来ると、また新たなお客さんが店に入ってきます。「客を呼ぶ客」が大事だと思います。そのために、計画をする人は仕掛け人的な意識を持っていてはいけないです。利用する人の感覚から離れてはいけないと思います。現在は街づくりの計画をする人と利用する人の感覚に距離があると思います。先ほどの近所の店の応援など、普通の奥さんは日常的にやってきていたことです。「ネバーフッドな街」「コミュニケーションの場」とか「人中心の場」などの企画書より、「私は夫婦で手を繋いで街を歩いています」という方がよっぽど説得力があります。

**永野**　「夫婦が自然と手を繋ぐ街」は、きっと魅力ある街ですよね。今日はありがとうございました。

# あとがき

街には特有の内在する歴史や自然や文化がある。東京は江戸の時代、水の都であった。物資の輸送としての水運。隅田川には、人の移動の手段の一つとしての猪牙舟や夏の暑さを避ける涼舟も。いたるところに水辺の空間があり、インフラとしての存在意義だけでなく、憩いの場であり、商いの場であった。水辺は昭和期に暗渠化され、人に背を向けた位置に置かれてしまった。しかし現在見直され、東京という街にとって水辺は貴重な財産としての活用の取り組みがなされている。

街づくりというのは街に内在する歴史や自然や文化という財産を活かしさらに魅力を付加していくものだと思う。その中において、歩道や水辺空間のような公共空間だけでなく、商業施設は街やエリアの個性を活かし活かされながら街の魅力の一部になっていくものだと思う。商業の持つにぎわいが街には必要である。にぎわいのない都市は都市ではない。その街の魅力を地域の住民、ワーカー、訪問者が共有するのである。

社会は変化し続けている。そしてその社会に対応して商業も変化を求められる。そして、その商業は街の魅力の形成において大きな役割を担うこととなる。本書が「これから」の新しい商業を考える材料となれば幸いである。

## 謝辞

私は多くの方々との交わりの機会を頂いています。この交流があるからこそ新たな発想や思いを持つことが出来ます。これまで接して頂いたすべての方々に御礼を申し上げます。特に山名清隆氏と久保憲一氏にはインタビューに応じて頂き、貴重な時間と見識を提供して頂きました。加えて両氏のおかげにより、この本に新しい活眼が加わり、読者にとっても価値あるものとなりました。あらためて深く感謝申し上げます。

永野 修（ながの・おさむ）
1963年生まれ。証券会社勤務を経て、1989年に(株)新都市ライフホールディングスに入社。街づくりの一環として多くの商業施設開発プロジェクトに携わる。新宿中央公園Park-PFI事業SHUKNOVAを手掛ける。
2021年（同）憩い・ときめき創造工房設立し、地域活性化、不動産開発・運営、商業施設活性化のサポートを行う。
【著書】
リアル店舗生き残りの「答え」コロナ・Eコマース時代の商業のあり方
（2020年、幻冬舎）

商業の「これまで」と「これから」

2023年11月2日　　第1刷発行

著　者――― 永野 修
発　行――― 日本橋出版
〒103-0023　東京都中央区日本橋本町2-3-15
https://nihonbashi-pub.co.jp/
電話／03-6273-2638
発　売――― 星雲社（共同出版社・流通責任出版社）
〒112-0005　東京都文京区水道1-3-30
電話／03-3868-3275
印　刷――― モリモト印刷
© Osamu Nagano Printed in Japan
ISBN 978-4-434-32581-6
落丁・乱丁本はお手数ですが小社までお送りください。
送料小社負担にてお取替えさせていただきます。
本書の無断転載・複製を禁じます。